本书系广东省"影视产业创新研究团队"（2021WCXTD017）成果

### 湾区影视产业系列丛书编委会

贾　毅　乔国玲　何　伟　阎　冰　傅志群
张　鹏　龙金莲　张卫平　徐嘉徽　朱海澎
曾严彬　庞艳芳　龚思颖　黄　翔　区鸣飞

# 湾区文创产品开发与设计

乔国玲　龚思颖　黄　翔　区鸣飞　著

中国传媒大学出版社
·北京·

# 前　言

文化创意产品是文化创意产业的重要组成部分，既包含文化价值，又包含经济价值。随着物质生活的丰富，人们对精神生活的渴望越发强烈，消费心理也从追求基本的实用功能转变为追求精神层面的体验享受。文化创意产品作为一种无形的精神财富，得到越来越多人的重视。将抽象的文化资源赋予具体的产品，给产品带来更多的内涵，在提升产品价值的同时，也有利于传承文化。2014年3月27日，习近平主席在联合国教科文组织总部发表演讲时指出："中国人民在实现中国梦的进程中，将按照时代的新进步，推动中华文明创造性转化和创新性发展，激活其生命力，把跨越时空、超越国度、富有永恒魅力、具有当代价值的文化精神弘扬起来，让收藏在博物馆里的文物、陈列在广阔大地上的遗产、书写在古籍里的文字都活起来，让中华文明同世界各国人民创造的丰富多彩的文明一道，为人类提供正确的精神指引和强大的精神动力。"[①] 2016年4月召开的国务院常务会议，明确地将文化创意产品的开发放在"提升社会文明水平和国家软实力"的重要位置。发展文化创意产业已经成为一种趋势，对社会的发展有着巨大的推动作用。2016年5月11日，文化部、国家发展和改革委员会、财政部、国家文物局发布《关于推动文化文物单位文化创意产品开发的若干意见》，强调依托文化文物单位馆藏文化资源，开发各类文化创意产品。这被视为推动中华文化创造性转化和创新性发展、使中国梦和社会主义核心价值观更加深入人心的重要途径。

粤港澳三地山水相连、同宗同源，伴随千年来的历史积淀，多元、开放、兼容、创新的岭南文化特色形成。粤港澳大湾区不仅是中国的经济引擎，也是东西方文化交汇的前沿阵地。这里汇聚了传统与现代、东方与西方的文化精粹，为文化创意产品的开发与设计提

---

① 习近平.在联合国教科文组织总部的演讲[N].人民日报，2014-03-28（3）.

供了无限的灵感和资源。从广州的历史建筑到深圳的现代技术，再到香港的国际化都市风貌和澳门的多元文化，粤港澳大湾区为我们展现了一幅多彩的画卷。粤港澳大湾区是一个有天然文化认同感和亲切感的地区，这是推进粤港澳大湾区建设所独具的文化优势。

根据《粤港澳大湾区发展规划纲要》，粤港澳大湾区有这样的发展目标：到2035年，大湾区形成以创新为主要支撑的经济体系和发展模式，经济实力、科技实力大幅跃升，国际竞争力、影响力进一步增强；大湾区内市场高水平互联互通基本实现，各类资源要素高效便捷流动；区域发展协调性显著增强，对周边地区的引领带动能力进一步提升；人民生活更加富裕；社会文明程度达到新高度，文化软实力显著增强，中华文化影响更加广泛深入，多元文化进一步交流融合；资源节约集约利用水平显著提高，生态环境得到有效保护，宜居宜业宜游的国际一流湾区全面建成。

其中，进一步提升粤港澳大湾区在国家经济发展和对外开放中的支撑引领作用，加强多元文化交流融合，具有非常重要的意义。

2022粤港澳大湾区城市文化创意指数报告及排行榜显示：深圳、广州、东莞位列前三，其后是佛山、珠海、中山、江门、惠州、香港、肇庆、澳门。2022年度中国城市文化创意指数的城市平均值水平约17.53，粤港澳大湾区城市群的文化创意指数平均值水平约25.72。[①]作为与西方文化长期交流交往的前沿基地，粤港澳大湾区尤其是港澳地区，积累了与多元文化交往、对话的丰富经验，不但在全国文创产业发展中处于领先地位，而且具有与世界文明交流互鉴的天然优势。

中华优秀传统文化、岭南在地文化、当代创意文化——正是这三条线索构建出粤港澳大湾区创意文化产业生生不息的景象。我们应通过粤港澳文化创意产品设计的创新想法，将不同的文化元素汇集在一起，营造无限的创意氛围，让文化创意产品传播得更广，更频繁地出现在公众视野中，并找到与社会大众生活的情感连接点，用文化创意讲好大湾区故事。

无论是研究生教育还是本科生教育、高职高专教育，我国高等学校对文化创意产品设计专业和课程建设的探索与实践起步都较晚。探讨和研究文化创意产品设计，对于高校新工科与新文科的融合，促进设计学类新学科、新专业、新课程建设，设计教师和学生

---

① 深圳稳居中国城市创意第一阵营［EB/OL］.（2023-03-31）［2024-03-25］.https://mp.weixin.qq.com/s/I3Vt8KrQy5DEC_qbguenzw.

更新知识、开阔专业视野、提高教学能力及适应社会的能力,都具有重要的意义。

随着全球经济的快速发展和国家间的紧密交流,文化创意产品设计领域的地位逐渐凸显。对于粤港澳大湾区这样一个经济、文化、技术、教育高度交融的区域来说,文化创意产品的开发设计与教育尤为关键。正是基于此,广州财经大学乔国玲教授的团队经过不懈的研究与努力,呈现给读者《湾区文创产品开发与设计》这本教材。

充分挖掘粤港澳大湾区文创产品开发设计资源,并将其转化为市场上受欢迎的产品,需要深厚的专业知识、敏锐的市场洞察力和创新的设计理念。在全球化的今天,我们更应该珍惜和传承自己的文化,通过创新和设计将其推向世界,与各国友人共同分享。《湾区文创产品开发与设计》就是面对当前社会对于文化创意产品迅猛增长的需求,依托粤港澳大湾区独特的历史、文化和经济背景而编写的。该教材旨在为大湾区内的高等学校、文化机构、企业和设计师提供有关文化创意产品开发与设计的全面指南,以促进大湾区文化创意产业的发展,提高文化创意产品的质量和竞争力。正是基于这样的出发点,该教材的作者们从多个角度探讨了文化创意产品开发与设计的相关问题。

首先,教材研究和阐述了文化创意产品设计的概念与现状、粤港澳大湾区文化创意产业现状,分析了当前文化创意产品市场的现状和发展趋势,为读者提供了对文化创意产品市场的基本认识。

其次,教材探讨了文化创意产品的定义和特点,以及文化创意产品开发与设计的基本原则、流程和方法,通过呈现文创旅游纪念品、娱乐(影视)艺术衍生品、生活美学文创产品、活动文创产品、企业与品牌文创产品等产品的设计实践过程,让读者对文化创意产品的设计与开发形成基本了解。

再次,教材分析了文化创意产品中的创新与文化体现,解读了"国潮"设计研究的意义与价值,介绍了岭南非遗文化和国潮风设计的融合,为人们深入解析大湾区文化创意产业的资源与需求,以及未来如何面向需求开发和利用资源,提供了一些创意思路。

最后,教材结合粤港澳大湾区的历史文化和经济背景,以深圳文博会、广州设计周等大湾区文化创意设计平台案例,广东财经大学、广州美术学院、香港理工大学、澳门科技大学等大湾区高校案例,以及大湾区文化创意企业案例,诠释了文化创意产品的品牌管理与营销等理论与实践,探讨了凸显文化创意产品大湾区特色和竞争力的策略。

该教材内容丰富全面、案例翔实,理论与实践紧密结合,旨在为广大读者提供一本全面、实用的指南。无论是文化创意产业从业者,还是对大湾区文化创意产业感兴趣的读者,都将在本书中找到宝贵的启示和灵感。

　　该教材的编写得到了众多行业设计师、专家、学者的支持,他们为该教材提供了丰富的案例、专业的知识和宝贵的建议。该教材不仅包含有关文化创意产品开发与设计的理论和实践,还融入大湾区独特的历史文化和经济背景,为读者提供了全面的视角和深入的解读。此外,还要感谢中国传媒大学出版社的编辑团队,他们为该教材的出版付出了大量努力和心血,也感谢每一位读者的支持和关注。愿大家的共同努力能够助力大湾区的文化创意产业更上一层楼。

中国美术学院教授、博士生导师范凯熹

2024年3月

# 目 录

>>>>>> CONTENTS

**第一章　文化创意产品设计的概念与现状　/ 1**
　　第一节　文化创意产品设计的概念　/ 1
　　第二节　文化创意产业的现状与发展趋势　/ 13

**第二章　粤港澳大湾区文化创意产业　/ 22**
　　第一节　粤港澳大湾区文化产业发展现状　/ 22
　　第二节　粤港澳大湾区文化创意产品市场　/ 30
　　第三节　粤港澳大湾区文化创意产品生产　/ 35

**第三章　文化创意产品的设计开发流程　/ 41**
　　第一节　基于符号学开展文化调研　/ 41
　　第二节　文化创意产品市场调查　/ 46
　　第三节　文化创意产品的消费者画像与行为分析　/ 51
　　第四节　文化创意产品的定位　/ 58
　　第五节　文化创意产品图纸绘制与产品打样　/ 60
　　第六节　文化创意产品的设计思维　/ 71

**第四章　文化创意产品的设计方法　/ 77**
　　第一节　文化元素与符号的提取　/ 77
　　第二节　设计载体的选择与设定　/ 79
　　第三节　CMF设计方法与创建人物角色　/ 88
　　第四节　融入文化情境、创建情绪板、演绎故事性的文创设计　/ 92

## 第五章　文化创意产品的设计实践　/ 100
　　第一节　旅游纪念文创产品　/ 100
　　第二节　娱乐（影视）艺术衍生品　/ 103
　　第三节　生活美学文创产品　/ 112
　　第四节　活动文创产品　/ 115
　　第五节　企业与品牌文创产品　/ 118

## 第六章　文化创意产品中的创新与文化体现　/ 133
　　第一节　创新——文化创意产品的根基　/ 133
　　第二节　文化创意产品中文化的体现与案例　/ 143

## 第七章　国潮与湾区文化创意产品设计　/ 149
　　第一节　国潮要素与国潮设计研究的意义与价值　/ 150
　　第二节　地域文化推动的文化创意产品设计　/ 153
　　第三节　非物质文化遗产衍生的文化创意产品设计　/ 156
　　第四节　面向未来的文化创意产品设计　/ 160

## 第八章　湾区文化创意品牌管理与营销　/ 164
　　第一节　粤港澳大湾区文化创意设计活动　/ 164
　　第二节　湾区高校文化创意产品案例　/ 173
　　第三节　湾区文化创意企业品牌管理与营销　/ 185

# 第一章
# 文化创意产品设计的概念与现状

**本章要点**

粤港澳大湾区文化的类型和主要内容。

在物质文化需求不断得到满足的情况下,人民的精神文化要求也在逐渐增长。以往单一的产品设计,已无法满足人们的实际需求,在经济、技术快速发展的背景之下,文化创意设计产业获得了更加广阔的发展空间。2014年《国务院关于推进文化创意和设计服务与相关产业融合发展的若干意见》正式发布,这也是国务院文件首次将"设计"和"产业"同时放在标题中,从中央到地方的各级政府部门不断出台相关政策,给文化创意产业发展带来前所未有的机遇。

## 第一节 文化创意产品设计的概念

人类文明的进步总伴随着伟大创意的诞生,从中国的四大发明到欧洲的蒸汽机,然后到电灯、飞机、电脑……今天"创意"终于发展为独立的经济形态。创意产业不但成为众多国家经济的新增长点,而且成为其他产业的"助推器",带动了整体经济的发展。

1998年,《英国创意产业纲领文件》首次正式提出了"创意产业"的概念,其定义为:"源自个人创意、技巧及才华,通过知识产权的开发和运用,具有创造财富和就业潜力的行业。"根据这个定义,英国将广告、建筑、艺术和文物交易、工艺品、设计、时装设计、电影、互动休闲软件、音乐、表演艺术、出版、软件、电视广播这13个行业确认为创意产业。创意产业与传统产业最大的区别在于创意为产品或者服务提供了实用价值之外的文化附加值,最终提升了产品的经济价值。创意产业的迅速崛起,标志着创意经济时代的到来。20世纪90年代,英国经济增长处于停滞状态。时任英国首相听取"创意经济之父"约翰·霍金斯教授的建议,将"创意经济"上升为国家战略。从1998年英国的《创意产业纲领文件》,到2005年的"创意经济方案",再到2017年的"现代工业战略",创意经济起源于英国,并随着经济的发展不断迭代升级。

进入21世纪,文化创意产业已然成为朝阳产业,其产业发展成为当前经济竞争力和文化向心力的重要指标。

所谓文化创意产业,就是将抽象的文化直接转化为具有高度经济价值的"精致产业"。换言之,文化创意产业应以文化为共同条件和特性,通过创意将知识的原创性与变化融入具有丰富内涵的文化之中,产生出能够创造经济价值的全新的产业类型,而经济价值的实现要通过保护知识产权来保证。

那什么是文化创意产品(以下简称"文创产品")设计呢?我们首先从设计说起。

"设计"一词出现较早,英文中的"design"一词起源于拉丁语,意为画句号;作名词时意为"设计、构思、设计图样、装饰图案、打算",作动词时意为"设计、构思、计划、制造、意欲"。在中国古代汉语中"设计"一词也早已出现,东汉许慎的《说文解字》中有"设"是"施陈也","计"是"会算也","设计"是设想、运筹、计划与预算的意思。设计在经过较长一段时间发展后,其定义也不断被更新和完善,但核心定义大多是"为实现一定的目的而进行的设想、规划、方案等创造性活动"。

人类通过劳动改造世界、创造文明、创造物质财富和精神财富,而最基础、最主要的创造活动是造物。设计便是造物活动所进行的预先计划,我们可以把任何造物活动的计划过程理解为设计。设计的核心是人,设计承载了对人类精神和心灵的慰藉。产品是反映物质功能和精神追求的各种文化要素的综合,是产品价值、使用价值和文化价值的统一。

在文化创意产品设计中,设计者主要通过分析文化器物本身所蕴含的文化因素,将这些文化因素以符合现代生活形态的形式转化成设计要素,并探求其使用后的精神层面满足——产品的"体验价值"。随着现代化社会的不断发展,消费者个性化、差异化的消费需求逐渐让文创产品成为市场上新颖的消费品。文创产品设计处于技术创新和研发等产业价值链的高端环节，科技和文化的附加值较高。

因此，文创产品是创意人的知识、智慧和灵感在特定行业的物化表现。简单来讲，文创产品是指具有文化内涵的创新性产品，其核心是对文化内容进行创新性转化。

## 一、文化的定义

从词源上来说，"文化"一词来源于拉丁语cultura和colere，本义为"耕作""栽培""养育"等，后来引申为对人的身心教养。《周易》载："观乎人文，以化成天下。"国学大师梁漱溟认为，所谓文化，不过是一个民族生活的种种方面。我们可以将其概括为三个方面：精神生活方面，如宗教、哲学、艺术等；社会生活方面，如社会组织、伦理习惯、政治制度、经济关系等；物质生活方面，如饮食起居等。美国文化人类学家克罗伯·克拉克认为，文化由外显的和内隐的行为模式构成，这种行为模式通过象征符号而传递。文化代表了人类群体的显著成就，包括它们在人造器物中的体现。文化的核心部分是传统观念，尤其是它们所具有的价值。文化体系一方面可以看作活动的产物，另一方面则是进一步活动的决定因素。国内外学界虽然对文化都有过不同定义，但都将其定义为人类思想和实践现象的总体体现。文化是相对于经济、政治而言的人类全部精神活动及其产品。综上所述，文化作为一个地区的"精神之根"，不仅是形成民族凝聚力的直接动力，还是提升综合国力的关键要素。

## 二、粤港澳大湾区文化的类型

粤港澳大湾区是指由香港、澳门两个特别行政区和广东省的广州、深圳、珠海、佛山、中山、东莞、肇庆、江门、惠州9市组成的（"9+2"）城市群，是国家建设世界级城市群和参与全球竞争的重要空间载体，也是与美国纽约湾区、旧金山湾区和日本东京湾区比肩的世界四大湾区之一。2017年7月，国家发展改革委及粤港澳四方在港签署了《深化粤港澳合作 推进大湾区建设框架协议》，标志着粤港澳大湾区建设全面启动。

查阅历史可知，在明清时期，如今粤港澳大湾区所覆盖的地区就属于一个府——广州府。自设立以来，广州府经济发达、商贸繁荣、文教鼎盛，是岭南文化的核心地带和兴盛之地。从学术界的讨论到地方政策的考量，再到国家战略的发布，粤港澳大湾区发展规划的提出历时20余年。

建设粤港澳大湾区，既是新时代推动形成全面开放新格局的新尝试，又是推动"一国两制"事业发展的新实践。

建设粤港澳大湾区，具有以下重大意义：打造粤港澳大湾区，建设世界级城市群，有利于丰富"一国两制"实践内涵，进一步密切内地与港澳交流合作，为港澳经济社会发展以及港澳同胞到内地发展提供更多机会，保持港澳长期繁荣稳定。有利于贯彻落实新发展理念，深入推进供给侧结构性改革，加快培育发展新动能、实现创新驱动发展，为我国经济创新力和竞争力不断增强提供支撑；有利于进一步深化改革、扩大开放，建立与国际接轨的开放型经济新体制，建设高水平参与国际经济合作新平台；有利于推进"一带一路"建设，通过区域双向开放，构筑丝绸之路经济带和21世纪海上丝绸之路对接融汇的重要支撑区。

粤港澳大湾区（图1-1）在区域地理、文化渊源、人文精神、风俗习惯上同气连枝，有着紧密的人文价值链，属于岭南文化的核心区域。大湾区有源远流长的广府文化、多元并包的客家文化和丰富多彩的潮汕文化，还有在中外交流互动中逐渐形成的舶来文化和现代都市文化，但其内里的岭南文化是同根同源的，它构建了人文湾区的重要文化基础。

图1-1　粤港澳大湾区城市影像[①]

---

① 广东财经大学2024年招生宣传片——梦启广财[EB/OL].（2024-04-11）[2024-05-25].https://zsb.gdufe.edu.cn/2024/0411/c11386a190240/page.htm.

## （一）传统文化

以广府文化为主的大湾区文化体现为粤语体系、广府菜系、粤剧粤曲、醒狮武术、蚝壳墙、镬耳屋、广绣、广彩、广雕、凉茶、迎春花市等。但因早期城市的人口流动与大迁徙，位于粤北、粤东北的客家文化与粤东的潮汕文化也在诸多城市中有所体现。广州的从化三村，东莞的樟木头观仓古村、塘厦龙背岭村、凤岗黄洞洪屋围村，深圳的茂盛世居、大万世居、龙田世居等保持着客家文化风格——围龙建筑、客家话、蓝衫凉帽、山歌、麒麟舞、客家手扎、客家菜系等。潮汕文化跟随潮汕人渗透在大湾区的各大城市，潮汕话的"胶几人"是熟悉的乡音，潮汕工夫茶走入千家万户、潮州菜馆林立街头，一些潮汕民俗也在潮汕人聚居地体现，聚居地如深圳的福田新村、坪山新区等，民俗节日如香港的潮人盂兰胜会。此外，南音说唱、道教科仪音乐、妈祖信仰、哪吒信俗、神像雕刻、鱼行醉龙节、螳螂拳、天后诞、盆菜、凉茶等都是港澳地区的传统文化。

我们通常认为，粤港澳大湾区的代表性传统文化有以下三项：

粤剧，早期称广东大戏，发源于佛山，以粤语演唱。如今，在华人华侨的聚居之地，人们都可看到粤剧演出。2009年，经粤、港、澳三地联合申报，粤剧被联合国教科文组织列入人类非物质文化遗产代表作名录。

醒狮，属于中国狮舞中的南狮是粤港澳大湾区文化的代表之一，每逢节庆，或有重大活动必有醒狮助兴，历代相传。

粤菜，中国八大菜系之一，狭义上是指广府菜，广义上又包含了潮州菜和客家菜。粤菜历史悠久，源自"烩不厌细，食不厌精"的中原饮食风格，起源可远溯至距今两千多年的汉初。广东物产丰富，人们养成了喜好鲜活、生猛的饮食习惯。随着历史变迁和朝代更替，中原移民不断南迁，使广东既继承了中原饮食文化的传统，又博采其他地区烹饪精华，再根据本地的口味、习惯，不断吸收、积累、改良和创新，从而形成了菜式繁多、烹调考究、质优味美的饮食特色。近百年来，粤菜（图1-2）已成为我国具有代表性和世界影响力的饮食文化之一。

图1-2 粤菜美食

### (二)舶来文化

粤港澳大湾区作为祖国的南大门,是舶来文化的重要体现地。圣诞节、感恩节、情人节、万圣节等西方节日,教会教堂、好莱坞影视、流行音乐、红酒、西餐等广被接受,高尔夫、网球、马球、赛马、赛车等体育文化也走进人们的城市生活。粤语中的士多、菲林、啫喱、曲奇等,港澳地区的圣母巡游、拉丁大巡游、港式茶餐厅、叮当车、酒吧等,体现了中西方相结合的融合文化。

### (三)红色革命文化

广东是近现代民主革命的策源地、工农运动的兴起地、改革开放的前沿地,也是革命文物延续年代最长、序列最完整、种类最齐全的省份之一。粤港澳大湾区的"9+2"城市群有着丰富的红色革命文化遗产，如广州起义烈士陵园、广州苏维埃政府旧址、中国共产党第三次全国代表大会会址（图1-3）、广州农民起义讲习所旧址，香港的罗家大屋、达德学院、潘屋等见证了辉煌红色印记的传奇故事；深圳改革开放展览馆等展现了我国的改革开放的壮阔历程和辉煌成就。此外，还有孙中山大元帅府纪念馆、辛亥革命纪念馆、虎门炮台、万山海战遗址、东江纵队纪念馆和叶挺独立团团部旧址等，红色革命文化和爱国主义教育文化成为粤港澳大湾区发展红色文化旅游的宝贵资源。

图1-3　中国共产党第三次全国代表大会会址纪念馆

粤港澳大湾区的文化资源十分丰富，多元一体化的存在深刻构建了粤港澳大湾区文化兼收并蓄的体系特征。

## 三、文创产品的基本属性与分类

### （一）文创产品的基本属性

文创产品带给消费者更多的是"体验价值"，因此，它不仅需要满足消费者物质层面的需求，更重要的是满足消费者的精神层面的需求。文创产品在具备普通商品一般特征的同时，还具有区别于一般商品的特征，如文化性与艺术性、地域性与民族性、纪念性与实用性、经济性与时代性等特征。

1.文化性与艺术性

（1）文化性

创意产业具有很强的文化性。创意产业通过激活思维、激活文化、激活情感、激活概念所产生的创新性理念，为产品注入新思想、新文化、新情感、新概念、新时尚，在很大程度上提高了文化附加值，给企业带来可观的经济效益。

文创产品中的文化性是指通过文创产品展现民族传统、时代特色、社会风尚、企业或团体理念等精神信息。文化性是文创产品的核心内容，消费者对文创产品的消费，从某种意义上来说不仅仅是为了其实用性，更多是为了买文化和生活方式，文创产品体现了一种由文化带来的情感溢价。

例如，江根村①地图（图1-4）文创明信片的设计，做到的不仅仅是地图形态的契合，

图1-4　江根村地图（作者：张雄辉；指导老师：龚思颖）

---

① 江根村是广东省佛山市三水区西南街道下辖村，坐落于昆都山下，是千年古村。

尽量以绘画还原当地景点的外观,传达吉祥、安康的美好寓意。

(2)艺术性

艺术性是指在结合材料、环境等因素进行设计活动时,创作主体应对设计的审美规律有所参照,设计作品应对审美要素进行展现。文创产品应该具有艺术价值,反映受众群体的审美特征,具有艺术欣赏的特性。

艺术欣赏应包括对文创产品外在形态和内在精神的欣赏。内外结合的美,才能给受众带来愉悦的感受,同时唤起人们的生活情趣和价值的体验,使文创产品起到与人沟通、与生活沟通的作用。

2.地域性与民族性

(1)地域性

地域文化是以地域为基础、以历史为主线、以景物为载体、以现实为表象、在社会进程中发挥作用的人文精神活动的总称。地域文化反映着这一地区社会、民族的经济、政治、宗教等文化形态,蕴含着民族的哲学、艺术、宗教、风俗以及整个价值体系的起源。地域性设计是依据地域特点展开的设计,主要包括基于地域环境的适应性设计和基于文化资源的传承性设计,其实质是一种生态性设计。

(2)民族性

民族是指具有共同语言、共同地域、共同经济生活以及表现于共同文化上的共同心理素质的人的共同体。一般来说,一个民族在历史渊源、生产方式、语言、文化、风俗习惯以及心理认同等方面具有共同特征。艺术由人创造,而"人"不能离开民族而存在,尤其是离不开本土文化,即民族性。以"鱼"为例,东西方对鱼的理解存在巨大差异,鱼在中国有着美好的寓意,当在设计作品中出现鱼,中国人自然就会联想到这个符号所连带的一些特殊意义。大湾区设计师崔华峰用青花这一古老的语言讲述当下的故事。细细品味其青花作品上的鱼、水、汉字等吉祥元素,观者可以慢慢看懂崔华峰的当代东方文化表达逻辑。他把传统东方文化"翻译"成当代生活的艺术品的尝试,使艺术品成为生活空间中的品质体现,如图1-5所示。

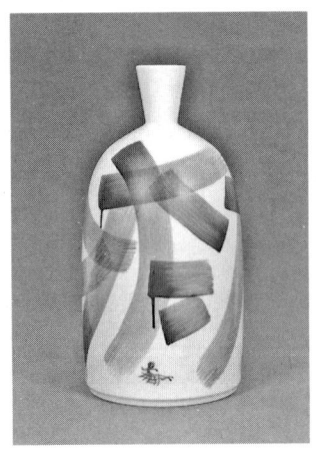

图1-5 青花器（作者：崔华峰）

3.纪念性与实用性

（1）纪念性

纪念性是文创产品对情感和记忆的承载。纪念是人们在现实生活中的一种感知方式，人们以这样的方式不断丰富个人和集体的文化意象，进一步形成丰富多样的人类文明。纪念性要求文创产品除了带给消费者审美愉悦之外，更重要的是帮助人们回顾历史，更了解自身以及周边的世界。纪念强调消费者与被纪念事物之间的关联性，而文创产品将纪念性赋予产品，以唤醒某种记忆。

在进行纪念性文创产品设计的时候，设计者可采用象征手法。象征是用具体的事物表现某种特殊意义，设计者运用象征的手法可以阐明与形象相关联的意义。最典型的象征手法有数目象征（如生日、革命纪念日等）、视觉象征（如品牌形象、纹饰等）、场所体验（如诗词意境、建筑等）。

（2）实用性

在经济发达、生活水平较高的国家和地区，实用性设计似乎不那么重要，消费者更在意审美和艺术的趣味性。在中国的消费市场上，大部分消费者更倾向于购买具备实用价值的产品。因此，实用性应是设计者的重点考量维度。

4.经济性与时代性

（1）经济性

经济性是指以最低的能耗达到最佳设计效果，文创产品应该具有较高的性价比，针对消费者群体特征设定合适的价格。文创产品的优势在于通过创意设计,赋予产品文化内涵,提升产品的体验价值,从而使产品具有较高的附加值,让消费者觉得"价格合理、贵有贵的道理"。设计师应该考虑不同消费层级的群体,设计不同层次的产品,"高、中、低档"均有涉猎,让消费者有更多选择空间。

（2）时代性

文创产品应当在具备文化性、经济性的同时体现当代人的审美需求,设计者通过与当代人沟通,从而使文化不跟时代脱节。时代性对应的是因循守旧,我国的部分手工艺、非遗的传承难以维系,很大一部分原因是不能够顺应时代潮流,与当下生活方式结合不够紧密。中国的文创品牌要走出去,必须尊重中国的本土文化,同时符合国际审美。比如广州美术学院曹雪教授设计的北京冬奥会吉祥物——冰墩墩,将中国的国宝熊猫以非常现代的形式呈现出来,极具时代性。

（二）文创产品的分类

本教材主要从艺术设计的角度进行考量,从三个方面将文创产品进行分类：基于产品的设计对象分类、基于产品的材料工艺分类和基于产品的表现形式分类。

我们首先通过基于产品的设计对象分类来进行了解。

第一,旅游纪念品。旅游纪念品是指围绕能够满足人们的文化感受和精神消费需求的娱乐休闲、自然风光、风景名胜等旅游资源打造的一系列旅游活动产品。狭义的旅游纪念品,即本书所讨论的旅游纪念文创产品,是指游客在旅游过程中购买的精巧便携、富有地域特色和民族特色的礼品。我们常常将旅游纪念品比喻为一个地方的名片,这张名片往往有较高的收藏与鉴赏价值。常见的旅游纪念文创产品主要是指针对博物馆和观光景点所设计的文创产品。

第二,娱乐（影视）艺术衍生品。娱乐（影视）艺术衍生品,是基于娱乐（影视）作品的艺术价值、审美价值、经济价值、精神价值而派生出的一系列商品。它来源于作品本身,却改变了娱乐（影视）作品的自主性、个体性、不可复制性等属性,成为具有审美价值的可批量生产的一般性商品。本教材所说的娱乐（影视）艺术衍生品,主要是基于影视娱乐、艺术家作品、动漫IP等衍生出来的文创产品。

第三,生活美学文创产品。生活美学指的是"美即生活",强调的是对于美学回归现实的转向，通过将日常经验和审美过程相结合，从感性出发来理解和分析美的感受。生活美学文创产品是对于"日常生活审美化"与"审美日常生活化"的最佳诠释，是生活与审美的融合，也代表了现代美学的最终走向——走向生活。生活美学产品主要是设计师通过对生活的观察，把自己对生活方式的理解渗透到日常产品的细节，创造出美的甚至是引领生活方式的产品。正如苹果公司创始人乔布斯所说，"消费者并不知道自己需要什么，直到我们拿出自己的产品，他们就发现，这是我要的东西"。

第四，活动文创产品。活动文创产品一般指根据展会、论坛、庆典、博览会、运动会等活动所设计的文创产品，此类产品有较强的纪念价值，但往往会随着活动的截止而停止生产和售卖。例如，每年广州设计周的周边文创都非常受欢迎，但只是展会期间有售卖。

第五，企业与品牌文创产品。企业与品牌文创产品指根据企业文化、品牌文化等创作的产品，主要用于展示和丰富企业文化、商务礼品馈赠、互联网话题营销等，品牌联名是目前品牌与品牌之间较为常见的合作模式。例如，在饮料品牌健力宝与故宫的联名罐设计中，健力宝集团把一系列经典的、传统的和民族化的元素转变成新潮的、特色的和大众化的形式。例如，2022年，健力宝故宫联名罐将文物融于罐身，细致又逼真，提取故宫"宝物"中的艺术纹路，赋予罐身满满的宫廷奢华感，让艺术与文化交织，尽显高级感，如图1-6所示。该产品通过完美诠释健力宝的国潮新面貌，让经典品牌与全新稀有口味、国风与新潮相得益彰，将企业品牌与国潮文化融入生活。

图1-6　健力宝与故宫的联名罐[①]

对于文创产品基于产品的材料工艺和表现形式的分类，我们在后边的章节会有讲述。

## 第二节　文化创意产业的现状与发展趋势

近些年，文创产品频繁出现在人们的视野，相关文创设计者深入挖掘文化资源的价值内涵和文化元素，广泛应用多种载体和表现形式，开发艺术性和实用性有机统一、适应现代生

---

① 健力宝又出故宫博物院联名罐！绝美"文物"，太高级了！［EB/OL］.（2021-05-15）［2024-03-03］.https://www.jianlibao.com.cn/gongsizixun/show/91.html

活需求的文创产品,满足多样化消费需求。例如,故宫博物院推出一系列文创产品:故宫彩妆包括仙鹤系列、螺钿系列、宫墙红系列等;推出数百种故宫文具,形成"书桌上的紫禁城"品牌;推出设计灵感来自故宫御花园的"兰亭花田"系列饰品……可谓不断开启时尚生活新潮流。

## 一、文化创意产业的现状与发展趋势

我国日益重视文化创意产业,当代社会各种产业的利润主要靠领先的自主创新和技术进步来实现,而文化创意产业正是自主创造和技术含量较高的一个门类。文化创意产业在区域经济与社会发展中的引领作用,已成为各地政府的共识。

党的十九大报告指出:"文化是一个国家、一个民族的灵魂。文化兴国运兴,文化强民族强。没有高度的文化自信,没有文化的繁荣兴盛,就没有中华民族伟大复兴。要坚持中国特色社会主义文化发展道路,激发全民族文化创新创造活力,建设社会主义文化强国。"我们要坚持为人民服务、为社会主义服务,坚持百花齐放、百家争鸣,坚持创造性转化、创新性发展,不断铸就中华文化新辉煌。

对于推动文化产业发展,党的十九大报告指出,健全现代文化产业体系和市场体系,创新生产经营机制,完善文化经济政策,培育新型文化业态。

党的二十大报告针对繁荣发展文化事业和文化产业提出:"健全现代文化产业体系和市场体系,实施重大文化产业项目带动战略。加大文物和文化遗产保护力度,加强城乡建设中历史文化保护传承,建好用好国家文化公园。坚持以文塑旅、以旅彰文,推进文化和旅游深度融合发展。"文化产业作为一种低碳、绿色的产业门类,契合中国产业结构转型与经济结构调整升级的发展趋势。在当代文化产业与创意经济蓬勃发展过程中,一种文化发展理念——文化创意理念形成,文化产业可以更为贴切地说是文化创意产业。文化创意产业的高质量发展,离不开空间载体的支撑。特色鲜明的文化创意产业园区是推动文化创意产业集聚发展的重要力量,在其专业领域精耕细作,为文化创意产业提供具有行业特色的专业化服务平台,成为行业发展的重要推手。随着文化体制改革的深入推进,合格的文化创意市场主体数量不断增多,社会各方面投入文化创意产业的热情高涨,各项扶持政策不断出台,我国文化创意产业进入发展的黄金期。

参照《中国统计年鉴》2012年至2021年的相关数据进行统计分析,我们主要从文化产业营业收入情况进行直观对比,并从文化产业从业人数、机构站点情况与国家财政支持力度等体现文化产业相关情况的侧面进行现状分析。

2012年至2020年文化及其相关产业增加值及GDP占比情况如图1-7所示:

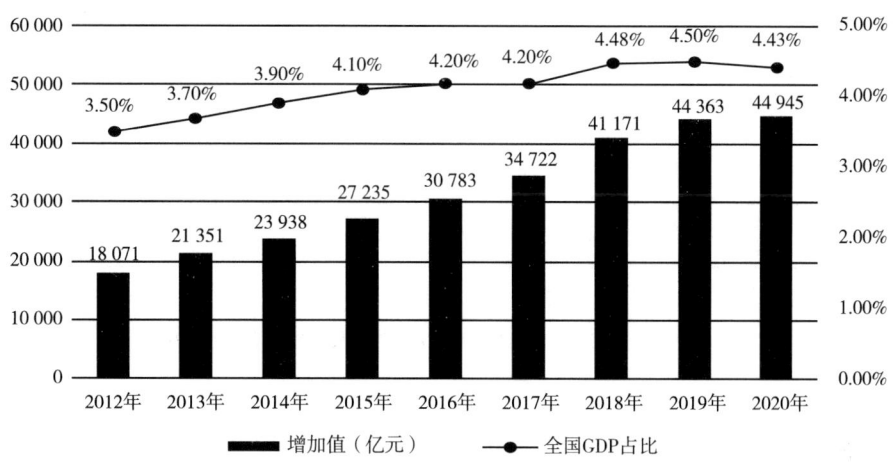

图1-7　2012年至2020年文化及其相关产业增加值及GDP占比[①]

从图1-7中可看出,近年来文化及其相关产业增加值不断提高,对国内生产总值的贡献率也不断提升,带动了与之相关的产业产值增加。2018年至2020年文化及相关产业增加值占全国GDP总值的比例为4.5%左右,说明文化产业在我国的发展存在一定的瓶颈,文化产业的创新发展是亟待探索的问题,文化产业具有巨大的增长潜力与发展空间。2021年文化和旅游部发布《"十四五"文化产业发展规划》,该规划提出推进文化产业创新发展、促进供需两端结构优化升级、优化文化产业空间布局、推动文化产业融合发展、激发文化市场主体发展活力、培育文化产业国际合作竞争新优势、深化文化与金融合作。到2025年,文化产业体系和市场体系更加健全,文化产业结构布局不断优化,文化供给质量明显提升,文化消费更加活跃,文化产业规模持续壮大,文化及相关产业增加值占国内生产总值比重进一步提高,文化产业发展的综合效益显著提升,对国民经济增长的支撑和带动作用得到充分发挥。

2014年至2021年全国规模以上文化及其相关产业营业收入情况如图1-8所示:

---

① 中国文化创意产业现状及发展趋势分析[EB/OL].(2022-08-05)[2024-03-03].https://weibo.com/ttarticle/p/show?id=2309404799165283828682&wd=&eqid=c0e4b4190002dab900000006647a4a70.

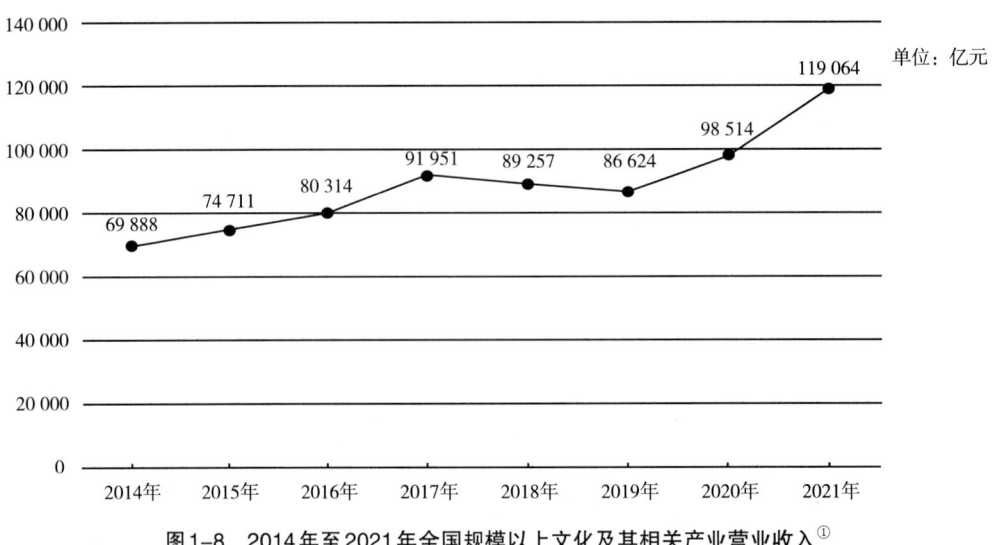

图1-8　2014年至2021年全国规模以上文化及其相关产业营业收入①

从图1-8可知，文化及其相关产业营业收入总体呈现增长的趋势，表明文化产业对推动国民经济保持中高速发展发挥越来越重要的作用，同时，文化产业因资源消耗低、环境污染少、科技含量高，具有低碳经济、绿色经济的特点，为国民经济转型升级和提质增效提供了有力支撑。近年来，我国现代文化产业体系不断健全，文化产品供给质量稳步提升，文化消费市场总体趋向活跃，文化市场主体发展活力将进一步增强，文化产业规模有望持续发展壮大。

## 二、文化创意产业的相关政策

文化创意产业逐渐成为我国经济发展新的增长点。以游戏、广告、设计、动漫等为代表的新兴业态实现跨越式发展，成为我国文化贸易的新亮点。传统文化产业中的图书出版、电影电视、文艺演出则稳步前行，并通过数字化、网络化特别是移动化实现产业的升级换代。

推进文化创意和设计服务等新型、高端服务业发展，促进与实体经济深度融合，是培育国民经济新的增长点、提升国家文化软实力和产业竞争力的重大举措，是发展创新型经济、促进经济结构调整和发展方式转变、加快实现由"中国制造"向"中国创造"转变的内

---

① 中国文化创意产业现状及发展趋势分析［EB/OL］.（2022-08-05）［2024-03-03］.https://weibo.com/ttarticle/p/show?id=2309404799165283828682&wd=&eqid=c0e4b4190002dab900000006647f4a70.

在要求,是促进产品和服务创新、催生新兴业态、带动就业、满足多样化消费需求、提高人民生活质量的重要途径。[①]借鉴世界各国文化创意产业分类,根据我国的行业划分标准和现状,文化创意产业主要包括以下几类:广告;建筑设计;电影、电视、音乐等艺术创作;时尚设计;网站软件开发;书籍创作及出版;艺术表演等。国家对文化创意产业给予了积极的政策支持。《关于加快构建现代公共文化服务体系的意见》《国务院关于大力推进大众创业万众创新若干政策措施的意见》等重要政策出台,这些都是文化产业当前和未来发展的关键性指导政策。

2014年国务院常务会议确定了推进文化创意和设计服务相关产业融合发展的具体政策措施,形成《国务院关于推进文化创意和设计服务与相关产业融合发展的若干意见》,从战略层面将"设计"和"创意产业"整合在一起。支持文创产品发展有利于推进供给侧结构性改革,培育新的经济增长点,满足人民群众日益增长的物质文化需求。当下消费者对文创产品的需求较为旺盛,但能够打动消费者的产品相对不足。为了做好文创产品开发工作,相关部门在近些年密集出台了相关措施。

2017年发布的《国家文物事业发展"十三五"规划》提出"推出一批具有示范带动作用的文化创意产品开发项目和优秀企业"。例如,故宫博物院在进行资源梳理后,通过数字化手段呈现彰显了文物魅力。

2017年《国家艺术基金"十三五"时期资助规划》发布,该规则资助满足艺术事业当前和长远发展需求的艺术人才培养项目。包括:舞台艺术、美术、书法、摄影、艺术设计、工艺美术和网络文艺等领域的艺术专业人才、经营管理人才和理论评论人才培养项目。其中,艺术人才培养项目的资助重点包括文化创意产品设计人才、动漫创作人才培养项目。

"十四五"时期是我国全面建成小康社会、实现第一个百年奋斗目标之后,乘势而上开启全面建设社会主义现代化国家新征程、向第二个百年奋斗目标进军的第一个五年,也是社会主义文化强国建设的关键时期。为进一步推进文化事业、文化产业和旅游业繁荣发展,2021年6月,文化和旅游部公布《"十四五"文化和旅游发展规划》。党的十九届五中全会明确提出,到2035年建成文化强国的远景目标。党的十九届六中全会全面总结了党的百

---

[①] 国务院关于推进文化创意和设计服务与相关产业融合发展的若干意见[EB/OL].(2014-02-26)[2023-10-28].https://www.gov.cn/gongbao/content/2014/content_2644807.htm.

年奋斗重大成就和历史经验,提出要繁荣文艺创作,为人民群众提供更多更好的精神食粮。

2022年文化和旅游部等6个部门印发《关于推动文化产业赋能乡村振兴的意见》。《意见》明确了创意设计、演出产业、音乐产业、美术产业、手工艺、数字文化、其他文化产业、文旅融合等8个文化产业赋能乡村振兴重点领域,提出了培育壮大市场主体、建立会聚各方人才的有效机制、加强项目建设和金融支持、统筹规划发展和资源保护利用等4个方面政策举措。面对当前乡村文化产业发展规模较小、人才资金缺乏、市场信息闭塞等短板,未来,如何发掘本土资源优势,将文化产业融入乡村经济社会发展成为重要课题。

## 三、文化创意产业发展影响因素

文化创意产业的发展需要一定的社会和经济条件。美国卡内基梅隆大学的理查德·佛罗里达(Richard Florid)教授在《创意阶层的崛起》中提出了在文化创意产业界具有深刻影响力的3T理论,即技术(technology)、人才(talent)和包容(tolerance)。英国致力于城市创意研究的学者、传通媒体总裁查尔斯·兰德里(Charles Landry)则认为,构建创意城市的基础需要七大要素:人员质量,意志力与领导力,人力的多样性与各种人才的发展通道,组织文化,地方认同感,都市空间与设施,网络与组织架构。他还着力探讨地区文化如何刺激经济发展,从而增强城市的自我认同和自信。

文化创意产业竞争力的提升在于技术对传统文化产业的升级与优化,文化创意产业,顾名思义就是"文化+创意+产业",下文将从这三方面进行分析。

### (一)文化

第一,历史与文化资源。文化内容是文创产品价值的核心部分,更是文化创意产业链的高利润区域。文化内容来源于历史与文化资源,丰富的历史文化资源和深厚的人文底蕴能够为文化创意产业提供肥沃的土壤。从供给角度看,文化资源作为文创产品的重要投入要素,其价值将部分直接转移到新产品,或通过影响力等间接形式增加新产品的附加值。从需求角度看,良好的历史资源和文化氛围也有利于培养出忠实的文创产品消费群体。

第二,经济基础。人们对文创产品的需求主要是满足精神性的直接消费需求或提升附加值的生产需求,属于收入需求弹性较大的非刚性需求。因此,经济基础是影响文创产品需求量的重要因素。经济发展水平越高,居民消费结构中用于满足文化和精神需求的比例越高,那么这一区域对文创产品的需求市场就越大。

### (二)创意

第一,人才素质。文化创意产业以创意、创新为根本要素和动力,而创意来自人的智慧和创造性思维,因此,创意的竞争首先在于创新型人才的竞争。文化创意活动的产业化运营对从业人员提出更高的要求,从业者既要有很高的文化和专业素养,又要能熟练应用现代科技,还要懂得迎合市场需求。一个区域的人口多元化、文化多元化不仅能带来丰富的创意素材,也有利于人们在知识与观念的碰撞交流中产生新的火花,还有利于形成鼓励创新、包容个性的社会环境。粤港澳大湾区为创新型人才提供了良好的生存发展空间。

第二,企业创新战略与创新管理。文化创意产业以企业为竞争主体,文化创意企业的创新管理能力是产业竞争力的重要体现。有效的企业创新战略和创新管理,有利于培养创新型人才,并充分挖掘人才的创新潜力。企业通过市场机制整合分散的文化和创意资源,以实现专业化、规模化经营,有利于推动整个文化创意行业的创新体系建设。

第三,知识产权制度。创意本身易被复制,现今创意又往往与现代化信息技术相结合,这使得文化创意产业比传统产业的产品更易于被复制。因此,文化创意产业更加依赖于知识产权来实现其产品的经济价值。在创意研发阶段,如果产业对著作权保护不力,将严重损害原创者的利益,损害原创性活动的积极性,进而严重影响整个产业核心竞争力的提升进度。美国是世界上文化创意产业最发达的国家之一,其中一个重要原因就是美国极为注重著作权保护。从20世纪70年代开始美国政府全面实施版权战略,加强版权保护,形成了全球保护范围最广、相关规定最详尽的著作权法律体系。

第四,先进技术。文化创意产业具有科技创新与内容创新高度融合的特征。网络技术、3D技术、云计算等新技术的运用,不仅实现了对电视广播、新闻出版等传统文化产业的提升和改造,推动了一系列新兴产业的快速发展,更引领流行文化、时尚文化的潮流。新技术的发展和应用还能够扩大创新主体,使消费者和产品使用者都能参与新兴业态的创新活动,进一步提升文化创意产业的自主创新能力和原创能力。

## (三)产业

第一,文化创意企业融资模式。文化创意企业主要依靠人力资本和知识产权等无形资产,属于轻资产型公司,往往缺乏可用于抵押担保的有形资产。而国内银行一般只接受房地产和流动性强的有价证券作为抵押物,这大大限制了文化创意企业的融资能力。缺乏有效的融资渠道将使文化创意企业难以突破规模小、分散化的状态,难以做强做大。针对文化创意企业资金需求特征建立多元化、多层次的融资模式,无疑对于推动产业发展有着重要的意义。

第二,政府作用。欧美文化创意产业集群主要是基于市场机制的自组织过程,而亚洲大部分国家和地区(如韩国、中国、新加坡等),其文化创意产业集群在很大程度上是在政府主导下形成的。政府行为对于文化创意产业的作用主要体现在三个方面:政府制定的文化创意产业规划和扶持政策会影响到产业的要素供给;政府作为文化创意行业标准制定者和产品消费者会影响到产业的需求条件;政府制定的相关法律法规会影响到文化创意产业的竞争结构及企业战略。

总体而言,文化创意产业具有不同于传统产业的典型特征,基于该产业本质特征,以上三个层次八个方面是构建和发展文化创意产业的重要因素。改革开放后,现代文化创意产业竞争越来越激烈,市场细分和专业化分工日益增强。在这样的背景下,粤港澳大湾区在文化创意产业领域各个方面都具备了很广阔的发展潜力。

**作业:**

1. 了解自己所在地区的本土文化,对其相应的10个文创产品进行调研,分析其产品类型及创意方法。
2. 分析自己所在地区文化创意产业的现状与发展趋势。

**延伸阅读:**

1. 文化和旅游部办公厅关于印发《国家艺术基金"十四五"时期资助规划》的通知[EB/OL].(2022-03-17)[2023-10-28].https://www.cnaf.cn/planning_detail/2346.html.

2.中国文化研究院.灿烂的中国文明[EB/OL].[2023-10-28].https://chiculture.org.hk/tc/china-five-thousand-years.

**参考文献：**

1.中共中央 国务院印发《粤港澳大湾区发展规划纲要》[EB/OL].(2019-02-18)[2023-10-28].https://www.gov.cn/zhengce/202203/content_3635372.htm#1.

2.国务院关于推进文化创意和设计服务与相关产业融合发展的若干意见[EB/OL].(2014-02-26)[2023-10-28].https://www.gov.cn/gongbao/content/2014/content_2644807.htm.

3.《关于推动文化产业赋能乡村振兴的意见》政策解读[EB/OL].(2022-04-08)[2023-10-28].https://www.gov.cn/zhengce/2022-04-08/content_5684002.htm?eqid=9772a66c0006802100000046458b797.

4.中国文化创意产业现状及发展趋势分析[EB/OL].(2022-08-05)[2024-03-03].https://weibo.com/ttarticle/p/show?id=2309404799165283828682&wd=&eqid=c0e4b4190002dab900000006647f4a70.

5.广东财经大学2024年招生宣传片——梦启广财[EB/OL].(2024-04-11)[2024-05-25].https://zsb.gdufe.edu.cn/2024/0411/c11386a190240/page.htm.

6.健力宝又出故宫博物院联名罐！绝美"文物"，太高级了！[EB/OL].(2021-05-15)[2024-03-03].https://www.jianlibao.com.cn/gongsizixun/show/91.html.

7.叶前林,刘海玉,朱文兴.区域文化创意产业集聚水平测度及影响因素分析[J].统计与决策,2022(4):84-87.

# 第二章
# 粤港澳大湾区文化创意产业

**本章要点**

了解粤港澳大湾区文化创意产业发展现状。

作为我国展示中华优秀传统文化的重要窗口,粤港澳大湾区在传承文化的同时也为文化创意产业提供了良好的发展机遇。基于中西文化多元交融的时代背景,粤港澳大湾区积极开展中华优秀传统文化的发掘与传承,同时加强区域青年的文化认同,把握文化的主导权。

2019年中共中央、国务院印发了《粤港澳大湾区发展规划纲要》,纲要提出:"推动中外文化交流互鉴。发挥大湾区中西文化长期交汇共存等综合优势,促进中华文化与其他文化的交流合作,创新人文交流方式,丰富文化交流内容,提高文化交流水平。"据统计,大湾区的香港、澳门、广州、深圳四市的第三产业占比超过60%。在未来的发展中,粤港澳大湾区的重点城市要发挥引领作用,明确文化创意产业在大湾区整体发展中的重要地位,进一步创新服务实体经济方式,以此促进文化创意产业发展,实现大湾区各领域的多元建设。

## 第一节 粤港澳大湾区文化产业发展现状

近年来,粤港澳三地的文化产业发展势头强劲,文化产业在粤港澳大湾区各城市国民经济发展中的地位越来越重要。大湾区具有得天独厚的地理优势，在历史上处于东西贸易、文化传播的交汇之处。随着粤港澳大湾区建设逐步推进，粤港澳文化产业的区域合作也日益加强，并取得一系列重要成果。下文我们将简要介绍三地的文化产业发展情况。

## 一、广东省大湾区九市文化产业发展情况

广东省的大湾区九市有着悠久的历史和底蕴深厚的文化产业。大湾区文化作为各种文化交流和沉淀的结晶，经过了各个朝代的更替，形成了独特的文化内核。粤港澳大湾区是一个多民族、多文化的地区，这里汇聚了各类文化的瑰宝。大湾区人民对文化的热爱可谓深入骨髓，传统节日、民间艺术等文化现象随处可见，彰显大湾区深厚的文化底蕴。其文化多元性体现在各个方面，从饮食、服饰到民间艺术等，都有着独特的风格和特色。近年来，大湾区建成了中国国家版本馆广州分馆、广东画院等一批文化新地标，打造出北京冬奥会吉祥物冰墩墩、动漫作品《猪猪侠》、国内首部4K全景声粤剧电影《白蛇传·情》等文化品牌。目前，广东省规模以上文化企业10 552家，居全国第一，如表2-1所示；先后有27家企业被评为"国家文化产业示范基地"；广东"文化+"新业态已成为新增长点，数字出版、动漫、游戏产值分别占全国1/5、1/3、4/5，电竞业市场规模占全国90%以上；文化及相关产业增加值连续18年居全国首位。文化产业已成为广东国民经济重要支柱产业。

表2-1 广东省规模以上文化企业数据

| 年份 | 营业收入（万亿元） | 企业数量（个） | 从业人员（万人） |
| --- | --- | --- | --- |
| 2020年 | 1.8 | 9 925 | 160.4 |
| 2021年 | 2.1 | 10 552 | 164.2 |

广东将文化强省建设纳入"1+1+9"工作部署[①]，思想文化建设得到系统性强化，文化自信和社会文明程度达到新高度。近年来，广东省大湾区九市文化产业的发展具有以下特点。

---

① 第一个"1"是指以推进党的建设新的伟大工程为政治保证，第二个"1"是指以全面深化改革开放为发展主动力，"9"是指9个方面重点工作。

### (一)文化产业结构持续优化

近年来,高附加值的文化创意产业快速发展,2016年占文化产业比重约为53%,比2013年提高了10个百分点,凸显文化产业供给侧结构性改革取得的良好成效。

### (二)区域布局进一步优化

广州、深圳发挥中心城市的引领辐射作用,着力打造"创意之城""设计之都",突出发展了优势文化创意产业集群。珠三角其余各市集中发展创意设计、印刷复制、演艺娱乐、文化设备制造等区域优势产业。粤东、粤西、粤北地区依托特色文化资源,文化旅游、演艺娱乐、工艺美术等特色文化产业初具规模。广东省以珠三角为龙头,粤东、粤西、粤北优势互补、错位发展的格局基本形成。

### (三)文化新业态迅速发展

广州、深圳的国家级文化和科技融合示范基地建设加速,培育了一批文化科技骨干企业,发展了全国领先的文化新型业态。互联网文化产业发展迅猛,涌现一批行业巨头,全国App安装量总榜前三名(微信、QQ、酷狗音乐)均属于广东企业。2015年,酷狗PC端和移动端安装用户总计已突破8亿人次,平台日播放量达到30亿次,居所有在线音乐产品第一。

### (四)文化会展国际化品牌彰显

大湾区的文化品牌活动较多,可以从各个层面来满足广大民众的文化需求。2023年6月11日为期5天的第十九届中国(深圳)国际文化产业博览交易会(以下简称"文博会")闭幕,主要指标较上届均大幅度增长:超过12万件文化产品在文博会上展出,4 000多个文化产业投融资项目在现场展示与交易。除主会场之外,文博会还在全市各区设立64个分会场,共开展各类活动500多项。主会场、分会场、各相关活动点总参与人次达400多万。第十九届文博会由中央宣传部、文化和旅游部、商务部、国家广播电视总局、中国国际贸易促进委员会、广东省政府和深圳市政府主办。文博会的国际朋友圈也在扩大,以"一带一路"倡议提出10周年为契机,全力加强文博会对外文化贸易和文化交流功能。法国工业设计协会、中法品牌美学中心首次参展,比利时Dirty Monitor数字艺术工作室带来数字文化内容。与此同时,文博会恢复设立线下"一带一路"国际展区,同时保留线上展馆。共有50个国家和地区的300家海外展商参展，108个国家和地区的25 736名海外采购商和专业观众线上线下观展、采购。展会期间，"爱深圳"（EyeShenzhen）多语种网站试运行上线，"深圳全球传播使者"计划启动，深圳报业全球传播中心挂牌成立，文博会对外传播度和国际化程度进一步提高。

　　南国书香节以青少年为重点参与对象，以培养阅读风尚、营造书香氛围为主线，每年在固定的时间（8月第三个星期五）和地点（广州国际会展中心）举办。南国书香节通过举办图书展销、名家讲座、岭南优秀文化展示等一系列文化活动，倡导喜爱阅读、崇尚知识、感受快乐的理念，让广大市民、读书人在欢庆的文化氛围中受感染、受熏陶，尽情享受、尽情欢乐。该品牌始创于1993年，当时在全国和海外都引起了轰动效应。2023年南国书香节（图2-1）以"奋进新征程 粤读再出发"为年度主题、以"书香岭南三十载 赓续文脉新征程"为年度口号在8月18日至22日举办，主会场在广州市广交会展馆B区，全省设立535个地市分会场、73个乡村分会场。展区总面积112.14万平方米（主会场4万平方米），展区数量从25个增至39个，参展企业从300多家增加至1 107家。同时，南国书香节全年常态化运营线上平台，让阅读的种子开出更多思想之花。作为广东文化强省建设的品牌项目，南国书香节经过多年的探索和培育，已由单一的图书交易活动，发展为集出版成果展示、出版物展销、文化活动、信息服务交流于一体的文化盛会，成为写书人、编书人、

图2-1　南国书香节现场

售书人、读书人、评书人、藏书人的盛大节日，是深受南粤大地广大群众喜爱的阅读嘉年华，也是广东省全民阅读活动的广阔平台和一项重点文化惠民工程。此外，香港、深圳等地也都有相关书展或读书活动，深受广大群众喜爱。

中国（广州）国际纪录片节（图2-2）创始于2003年，由国家广播电视总局和广东省人民政府主办，广州市人民政府和广东省广播电视局承办，广州市文化广电旅游局执行。它是具备纪录片投融资、交易功能的国家级专业平台，是中国纪录片产业脉动风向标——国家产业政策和国际发展趋势的官方发布平台，已形成集评奖、预售、培训、论坛、市场内容于一体的综合文化节展活动。"十三五"期间，中国（广州）国际纪录片节累计吸引了1.4万多部作品参评参展，2600多家中外机构达成约26亿元的意向交易额，有力地推动了中国纪录片迈向国际市场。

图2-2　中国（广州）国际纪录片节①

### （五）对外文化贸易快速增长

据统计，2021年广东省文化贸易进出口总额为6.62亿美元，比2020年同期增长86.98%，居全国榜首。2018年，广州市天河区入选首批国家文化出口基地。广东省加大高质量数字内容产品供给，通过互联网、超高清视频、虚拟现实与数字媒体的融合发展，加快数字影音、动漫游戏、网络文学、电子竞技等数字内容的创作生产，推动其数字文化

---

① 黄宙辉，魏超然.纪录片节丨第十九届广州国际纪录片4月15日开幕，46部佳作入围终评[EB/OL].（2022-04-14）[2024-03-05].https://new.qq.com/rain/a/20220414A0CY3W00.

贸易实现快速增长。广东省形成了较为完备的文化进出口体系,出口覆盖160多个国家和地区,在出版、动漫游戏、创意设计、文化设备制造等领域培育了一批具有国际竞争力的重点出口企业和品牌。

## 二、香港文化产业发展情况

香港特别行政区的区域范围包括香港岛、九龙、新界和周围262个岛屿,截至2022年年末,总人口733.32万人,是世界上人口密度最高的地区之一。香港自古以来就是中国的领土,曾受英国殖民统治。"二战"以后,香港经济和社会迅速发展,跻身"亚洲四小龙"行列,成为全球最富裕、经济最发达和生活水平最高的地区之一。1997年7月1日,中国政府对香港恢复行使主权,香港特别行政区成立。

香港是一座高度繁荣的国际大都市,它与纽约、伦敦并称为"纽伦港",是全球第三大金融中心,也是重要的国际贸易中心、航运中心和国际创新科技中心,有"东方之珠""美食天堂"和"购物天堂"等美誉。香港拥有世界级的文化基建和多元的艺术氛围,全球各地的艺术与创意云集于此,文化产业熠熠生辉。香港地区长期以来是亚洲的创意中心,数码娱乐、电影、设计、漫画、出版等文化创意产业在业内均享有盛名。香港是一个富有文化遗产的城市,它曾经是世界上最繁忙的贸易港口之一,吸引了来自世界各地的人,它有着独特的文化、历史和建筑。从经济形态看,香港已进入创新驱动经济增长阶段,具有知识型、创意型及服务型特点的文化创意产业已成为经济增长的新亮点。在过去数十年的文化进程中,香港从饮食、服饰等方面成功做到将不同文化有机结合,比如香港电影具有独特的"香港味道"。香港的新浪潮电影,让我们不仅看到来自西方的文化,还有香港自身的文化,背后呈现的是中华文化。香港特区政府统计处的数据显示,2021年香港文化及创意产业的增加值为1 248亿港元,对香港本地生产总值的贡献为4.5%,就业人数22万多人,占香港就业总人数的6.2%。近年来,该产业当中升幅较显著的行业类别包括会展、软件、计算机游戏、互动媒体。

"香港需发挥自身优势,将中国故事讲得好、讲得远、讲得更动情。"香港艺术发展局始终发挥沟通交流的作用:一方面,大力推进香港与内地文化艺术相关领域的合作,特别是大湾区内地城市的文化项目;另一方面,带领本地艺术创作者参与世界各地的文化艺术活动,搭建沟通桥梁,凝聚世界目光。香港建成了故宫文化博物馆、戏曲中心、当代国际视觉文化博物馆M+（图2-3）等文化设施，超越伦敦成为全球第二大艺术品拍卖市场。此外，香港与国际合作的文化创意商品的展览活动有很多，在世界上具有一定的影响力，比如巴塞尔国际艺术博览会在香港的展览就见证了香港文化的持续复兴和作为亚洲艺术市场门户的作用；香港贸易发展局举办的香港国际珠宝展和香港国际钻石宝石及珍珠展，是国际珠宝商和收藏爱好者们心目中最好的展览平台。在国家"十四五"规划纲要的指导下，香港继续发挥其独特优势，激活文化创意引擎，展现国际都会绵延不绝的文化动力和活力。

图2-3　香港当代视觉文化博物馆M+

## 三、澳门文化产业发展情况

澳门特别行政区位于我国广东省珠江和西江三角洲的南端，包括澳门半岛、氹仔岛、路环岛及周边水域，虽然地域狭小、空间有限，但澳门地处珠江三角洲的中心地带，区位优越，发展前景广阔。澳门经济以博彩业为支柱产业，2007年，澳门博彩业总收入已经超过美国拉斯维加斯，成为全球第一大赌城。澳门人均GDP位居亚洲前列。然而，澳门产业的单一化也成为其经济发展的瓶颈，尤其是在应对国际经济危机方面力量十分薄弱。要实现澳门的可持续发展和经济转型，文化创意产业是加快产业结构调整、转变发展方式的不二选择。

澳门拥有丰厚的文化底蕴，四百多年来，作为中西方文化交流的口岸，澳门在中葡文化的交汇中形成了独特的文化历史，积淀了丰厚的文化遗产，这是澳门发展文化创意产业丰厚的资源。2005年,澳门历史城区被列入《世界文化遗产名录》,成为中国第31处世界遗产。同时,澳门被联合国教科文组织评定为"创意城市美食之都",这表明世界对澳门文化的认同与肯定。文化资源是城市遗产和价值的基础,澳门的文化遗产是澳门发展不可多得的资源,在中西文化交融中,澳门形成了多元共存的发展模式。现在每年来澳门的全球游客人次超过两千万,这一切都为澳门发展成为创意城市奠定了非常坚实的基础。澳门的文化产业分为"创意设计""文化展演""艺术收藏""数码媒体"四个领域,具有跨行业、涉及门类多的特点。澳门统计暨普查局资料显示,2016年文化产业的服务收益同比上升9.7%,达68.6亿元;其对经济贡献的增加值总额为22.4亿元,同比上升8.5%。

澳门文化产业的规模较小,但近年来澳门正采取经济适度多元发展策略,建设世界旅游休闲中心,推动会展商贸和文化体育等重点产业发展。根据澳门会议展览协会的信息,澳门每年会举办多项文化创意的展览,比如2023年11月举办的亚洲演出娱乐行业博览会,就为澳门乃至亚洲市场开拓了更多的优质演出娱乐项目,对于澳门实现打造"娱乐盛事之都"的目标具有重要意义。此外,澳门的"艺文荟澳:澳门国际艺术双年展"等展览凝聚全球的创作力量,透过八大板块的多元艺术展览,以当代视觉艺术的奇思妙想联动全澳门,打造国际双年展品牌,为澳门提供有深度与趣味的文化旅游新体验。澳门代表性建筑大三巴牌坊如图2-4所示。

图2-4 大三巴牌坊

## 第二节　粤港澳大湾区文化创意产品市场

### 一、粤港澳大湾区文化创意产品市场现状

2022年，广东社会消费品零售总额达4.49万亿元，连续40年全国第一；香港是全球闻名的"购物天堂"；澳门依托旅游业一直吸引着全球游客……三地在各自优势消费领域都是"单项冠军"。电影娱乐、文创产品制造和互联网行业是世界三大湾区营收主力。随着粤港澳大湾区的建设，文创产品市场蓬勃发展。一方面，粤港澳之间的文化交流活动大大推动了文化创意产业的发展；另一方面，大湾区具有地域优势，吸引了更多投资机构和艺术家前来投资和合作。同时，大湾区的多元文化、新经济的无限可能以及强大的创新能力拓展了文创产品市场。粤港澳大湾区针对文化创意领域不断推出政策措施，为优化环境，促进文化创意产业的融合发展，发掘新的文化创意消费空间，扩展新的消费时尚注入了动力。同时，通过市场宣传和新技术的加持，大湾区文创产品的市场发展前景较好。对比国际一流湾区，目前粤港澳大湾区文化创意产业的低端文化产品和设备生产存量占比较大，并且粤港澳大湾区的文创巨头企业主要的影响力还局限于中国市场，在全球市场的影响力非常有限。粤港澳大湾区的文化创意产业结构有待调整。虽然粤港澳大湾区的文化创意产业业态在不断丰富，但仍处于利用自然资源和劳动力数量等相对优势的阶段，产业需要不断优化升级，向价值链高端延伸与发展。

### 二、大湾区文创产品不断丰富，美誉度进一步提升

近年来，大湾区各城市的文创产品不断丰富，美誉度进一步提升。仅2022年，广东省博物馆开发文创产品就达到3 250款，比上年增长41%，一批特色文创产品火速"出圈"。例如，"一鹿繁华贴金摆件"入选了2021湾区（广州）文创节产品设计奖TOP10。走进广东省博物馆的文创商店，潮州木雕的周边产品甚多，这里的冰箱贴、明信片等文创产品是复购率很高的产品。据广东省博物馆的负责人介绍，每件非遗文创的研制，都结合了非遗本身特色以发挥文创优势，比如冰箱贴、明信片，顾客买齐12款，即可以"拼"成整个潮州金漆画大寿屏；大寿屏的单独一屏也呈现一个独立、完整的故事。

广东省博物馆有常设的潮州木雕展厅,将潮州木雕的精彩技艺充分地展示出来。2006年,潮州木雕技艺被列入第一批国家级非物质文化遗产名录。潮州木雕是我国主要木雕流派之一,它以精致的雕刻和髹漆贴金的工艺而独具特色,具有金碧辉煌、富贵华丽的艺术效果。潮州木雕的起源最迟可追溯到唐宋时期,经过明代的发展,至清代达到鼎盛。潮州木雕应用广泛,涵盖建筑装饰和家具陈设等方面,以宗祠家庙建筑装饰和祭祀用的礼器装饰最为大宗和精致。据广东省博物馆的负责人介绍,广东省博物馆在研发潮州木雕的系列文创作品的时候,首先是邀请了研究潮州木雕的大师来为设计师们讲课,讲授潮州木雕的前世今生、技法、工序、程式及其寓意等;然后设计师们便开始创作,呈现出作品后,由广东省博物馆的文创领导小组组织评审,不同部门根据不同立场及角度提出意见,设计作品经由不断打磨之后形成文创产品、推出市场。据广东省博物馆相关负责人介绍:"潮州木雕的文创系列一经上市,立即受到观众的喜爱,比同类其他产品的销量和销售额都高,'一鹿繁华贴金摆件'尤其受欢迎。广东省有众多世界各国商会,商会人员在参观博物馆的同时体验该非遗文创产品,他们认为,开启这个摆件的方式很有意义,人们可以动手体验,将它作为'手信',可向世界宣扬岭南文化。"

广东省博物馆以"南海Ⅰ号"古沉船打捞与考古发掘为设计灵感,创新推出"水下考古盲盒",以文创复刻"南海Ⅰ号"考古打捞作业(图2-5)。有网友评论说:"这个盲盒里面加入了很多海底元素,比如蓝色的水晶泥,还能挖出仿制的宝石和很多贝壳海螺,特别有成就感!"

图2-5　南宋沉船"南海Ⅰ号"水下考古盲盒

大湾区各城市的博物馆文创产品不断丰富,文创品牌知名度和美誉度进一步提升。

佛山市的祖庙博物馆推出醒狮公交卡、狮舞岭南文创月饼和雪糕、祖庙灵珠系列首饰等文创产品。其中,狮舞岭南文创雪糕备受追捧,成为网红产品。

南越王博物院以冬奥会为主题研发了玉璧纪念章文创产品,以"虎小将"IP作为衍生元素开发"虎福"新年礼包。东莞市博物馆以富有东莞文化特色的荔枝元素作为设计灵感,结合居廉的"设色一本万利图团扇"(图2-6),开发出"红荔大吉"系列首饰(图2-7)、"万利富贵"团扇及其数字产品。深圳博物馆将深圳改革开放的元素融入"改革开放系列"文创产品的设计中,推出"肉食票"手机壳、"时间就是金钱、效率就是生命"文件袋、大鹏展翅琉璃摆件等产品。

"红荔大吉"系列首饰以东莞荔枝为灵感,采用透光珐琅工艺呈现晶莹饱满的果肉及深浅不一的鲜红果皮,创意形象生动,清新气息十足。

图2-6　居廉的设色一本万利图团扇

 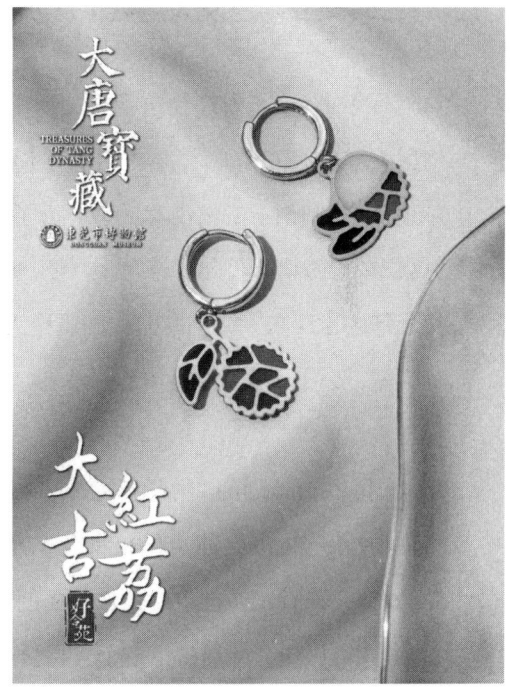

图2-7 "红荔大吉"系列首饰[①]

---

① 【莞博文创】莞博端午，荔红粽香！"红绿CP"上线啦[EB/OL].(2022-05-27)[2014-03-25].https://www.sohu.com/a/551779903_121107011.

此外，近年来，广东积极探索数字藏品及数字文创的开发和合理利用，以数字化、信息化赋能博物馆文创高质量发展。2022年，南越王博物院、广州博物馆、广东民间工艺博物馆、广州市文物考古研究院（南汉二陵博物馆）推出了第一件跨馆联合发行的数字文创——"博物馆星球"，再现广州多家知名博物馆的建筑风采。广东省博物馆也推出"元磁州窑褐彩唐僧取经图枕""在钟楼上"等数字藏品。

新冠疫情期间，线下消费受到影响，很多消费者将购物重心转移至网络平台，消费模式的转变，令越来越多的人加入网络消费，加速了线上经济的发展。线上经济蕴藏着巨大的市场潜力，刺激着传统的消费方式。未来，文创行业需要深入探索新的市场环境和销售渠道。"线上+线下""文化+科技"相结合，才是文创产品创新、销售长久的路径。此外，大数据对于消费分析越来越重要，数据挖掘可以推动文化消费。在传统的营销模式中，商品常常是孤立的，很难把它们联系起来。然而，经过大数据分析，我们可以挖掘看似不相关的两者存在的特定关联，挖掘新的销售空间。

## 三、成立粤港澳大湾区（广东）文创联盟

近年来，广东省博物馆重视文创产品设计开发，与多家单位共同发起成立粤港澳大湾区（广东）文创联盟，并与广州美术学院、广东轻工职业技术学院等院校联合建立研发基地，以机制创新激发创意活力。为了更好地促进文化创意产业的交流合作，2019年12月，广东省博物馆联合香港设计总会、澳门设计师协会及省内多家单位共同发起成立粤港澳大湾区（广东）文创联盟。联盟作为承办单位之一，发起了粤港澳大湾区文化创意设计大赛，吸引了不少港澳作品来参赛。[1]该联盟还开展了文创人才培养、文创专题展览、文创宣传推广、文创助力乡村振兴等，积极推动粤港澳三地文化创意产业交流合作。2020年11月，联盟策划的"物赋新蕴——粤港澳大湾区文化文物与旅游单位文创联展"在珠海博物馆展出，该展览共有38家大湾区内的文博、非遗、旅游景区等单位参展，香港设计总会、澳门设计师协会也应邀选送文创精品展出，相关展品约290件。文创联盟搭建的平台，给大湾区设计师提供了一个互相学习交流的机会。

---

[1] 姜晓丹.创新机制、搭建平台——粤港澳大湾区有个"文创联盟"[N].人民日报，2012-12-01（7）.

## 第三节　粤港澳大湾区文化创意产品生产

### 一、粤港澳大湾区文化创意产业生产优势

粤港澳大湾区拥有深厚的岭南文化底蕴,以及特殊历史和地理优势,产业资源丰富,文化产业繁荣发展,文创产品丰富多彩。自《粤港澳大湾区发展规划纲要》与《粤港澳大湾区文化和旅游发展规划》颁布以来,各地政府积极出台促进文化发展政策,在协同机制创新、文化遗产保护与利用、文化繁荣发展、对外文化交流、文旅融合等方面成效显著,大大提高了大湾区文化软实力。在具体的文创产品生产上,大湾区的生产企业众多,产业链成熟,拥有非常强劲的生产能力。

作为拥有华为、腾讯等多家文化创意标杆企业的省份,广东在数字文化产业上链条完善、产业集聚化发展,在动漫产业、数字音乐产业、游戏产业等领域处于领先地位。广东着眼于打造数字文化引领地,大力实施文化产业数字化战略,推动产业链、创新链深度融合,其文化及相关产业增加值连续18年居全国首位。其中,广东动漫产值约占全国1/3的份额;广东演艺设备产业销量居世界第一;广东的4K/8K超高清视频、电竞、直播和网络视听等行业领域领先全国。不过,与全球数字创意产业发达地区相比,广东还存在有国际影响力的原创品牌缺乏、高端原创人才匮乏等问题,应以打造全球数字创意产业发展高地为目标,多措并举,推动广东数字文化产业大发展。

根据2020年印发的《广东省建设国家数字经济创新发展试验区工作方案》,广东省着力打造国家数字创意产业集群,并对强化技术攻关和数字文化产业装备制造发展、文化资源数字化转化、培育原创优质IP、引导电竞产业发展等方面作出工作安排。

目前,广东省继续超前布局战略性新兴文化产业:打造数字化生态体系,加快培育新兴文化集群链主企业,扶持中小微新兴文化企业成长;布局建设新兴文化产业园区,重点打造珠三角全球电竞中心,建设全国领先的直播短视频产业集聚区,创建全国4K/8K产业引领示范区;打造新兴文化消费场景,推动线上线下消费融合;专项支持新兴文化产业核心技术研发创新。

深圳早在2005年就提出将文化产业打造为四大支柱产业之一的目标,并充分利用高

新技术产业发达的优势，在"文化＋科技"发展战略的指引下，大力发展新型文化业态。2021年，深圳新认定15家市级园区，市级文化产业园区达71家，文化产业增加值超过2 500亿元，同比增速超15%。文化产业已成为深圳国民经济支柱产业之一。深圳拥有腾讯、创维、康佳、大疆、华强方特等一大批高成长性文化科技企业，超过25%的规模以上文化企业具备国家高新技术企业资质，在创意设计、动漫游戏、文化旅游、高端印刷、黄金珠宝、文化装备研发制造等多行业领域都具有较强竞争优势。2021年，深圳编制的《深圳市文化产业高质量规划（2021—2025）》提出，2025年深圳将率先健全现代文化产业体系和文化市场体系，文化产业规模持续壮大，产业增加值超过3 200亿元，占全市GDP比重超过8%，进入全球文化产业发达城市行列。

如今，作为中外艺术交流中心，香港是世界著名艺术博览会巴塞尔国际艺术博览会的举办城市之一；广州与深圳的数字创意产业强势增长，在游戏、动漫、电竞、直播、数字音乐、数字设计等领域竞争优势明显；珠海积极对接澳门的文创资源，形成了珠澳设计中心等一批标志性成果；佛山致力于岭南文化传承，激活非遗发展活力，同时创建大湾区影视产业合作试验区；东莞、中山加快文化制造业数字化转型，致力于将文化产业打造成为新的经济增长点和支柱产业；江门、肇庆和惠州在自身文化与自然旅游资源的基础上，打造文旅特色品牌。其中，东莞制造业发达，拥有"世界工厂"的美誉。东莞不仅能制造优质的轻工业产品，也能生产优秀的精神文化产品，如动漫、电影、音乐剧等。作为一座现代文化产业名城，东莞的文化产业发展呈现特色明显、上升迅猛的良好态势。凭借自身制造业优势，东莞成为中国最大的动漫成品生产中心。一年一度举办的中国国际影视动漫版权保护和贸易博览会为举办地东莞带来良好的平台，助推东莞文化产业实现由"产品制造"向"内容制造"的跨越式发展。印刷业也是东莞文化产业发展的重要领域，截至2015年东莞已拥有超过3 200家印刷企业，印刷工业总产值362亿元，处于全国领先地位。

## 二、粤港澳大湾区文化创意产业的不足

### （一）粤港澳三地文化交流合作存在障碍

粤港澳大湾区涉及两种制度、三个关税区，文化市场互联互通存在障碍，比如在文化产

业的融资与版权评估等方面双方各有体系,目前还无法很好地相互融合。此外,出于历史原因,港澳地区受外国殖民者统治达百年,其生活方式、理想信念与内地尚不能达成一定的共识。除此之外,粤港澳大湾区内不同区域的贸易法规、市场机制也存在差异,还不能高效实现文化交流融合和相关资源的优化配置,生产供给和市场需求也不能实现比较有效的对接。

### (二)文化创意产业发展失衡,内部结构有待改善

在粤港澳大湾区范围内,珠三角九市的文化创意产业发展不平衡、不充分的问题比较突出,结构布局和质量效益有待科学化和高效化。以文化产品和设备制造业为主的低端产业仍占较大比重,以内容创意为主的文化服务业占比过小,甚至低于全国平均水平。虽然粤港澳大湾区在媒体、音乐、影视、出版等领域都有扎实的基础优势,但是未能继续深入拓展上下游产业。

### (三)在文化创意领域缺乏具有国际影响力的品牌

国际一流湾区均培育了一批世界知名的文化企业和品牌,同时也不同程度地向全世界输出了一大批高品质的文创产品。相比之下,粤港澳大湾区缺乏具有引领力的品牌产品和占据标杆地位的龙头企业。

### (四)产业发展的金融支持根基薄弱

粤港澳大湾区的文化创意产业的金融支持方呈现小众化特点。因为文化创意产业并没有成为粤港澳大湾区的支柱产业,所以不像其他支柱产业那样有强大的金融支持。在产业发展的过程中,银行信贷风险体系的特点和文化创意产业高附加值与高风险的特点相冲突,大多数银行注重稳健投资,并不敢轻易涉足该产业领域。

### (五)文化创意产业人才匮乏

粤港澳大湾区文化创意产业的人才大多集中在附加值较低的产业链中,高层次人才尤其是产业尖端人才严重缺乏,专业人才尤其是复合型人才匮乏成为制约文化创意产业发展的瓶颈。人才匮乏问题的主要表现是从业人员基本上是新闻广电类、美术类、艺术类工作者,了解文化创意和经营管理的复合型人才严重不足。在人才培养方面,大湾区的文化创意人才培养体系建设相对滞后,专业化培训跟不上,与自身市场需求严重错位,无法满足产业发展的需要。此外,大湾区内地九市的文化创意产业环境也无法对高素质创意

人才形成有效的吸引力和聚合力。

粤港澳大湾区建设是新时代"一国两制"的伟大实践,港澳地区从主权回归走向人心回归需要一个过程,从经济合作日益紧密走向认同感日益加深,其有效路径之一在于文化产业融合。大湾区各个城市之间已经初步存在产业布局上的分工和优势互补:广州市产业结构完整,制造业尤其突出,金融、商贸等服务型产业也很发达,且具备交通枢纽的功能;深圳以金融、高新技术产业为核心;佛山、东莞的制造业优势突出;惠州的石化产业是地方经济的支柱。近年来,佛山、惠州都在重点发展影视基地相关的文旅产业,开平等地已经是比较成熟的影视外景地。

## 三、粤港澳大湾区文化创意产业发展路径

"讲好中国故事、传播好中国声音"需要文化产业高质量发展,文化创意产业需要推出更多更优秀的中国特色作品,使之成为推动世界文明交流的桥梁;把中华优秀传统文化通过文创产品向海外传播,进入世界文化市场;把中国强大的文化精神标识传播到世界各地,为人类命运共同体做出贡献。粤港澳大湾区的文化创意产业发展有以下路径参考。

### (一)强化顶层设计,协调整体布局

在进行粤港澳大湾区文化创意产业的顶层设计过程中,我们必须树立"整体"的观念。在"一国两制"的前提下,应通过政策、市场、交通、信息网络把粤港澳大湾区内各城市文化创意产业的特殊优势和要素聚合起来,形成多样互补的组合,进行良好的互动,打造粤港澳大湾区协调开放、竞争有序的营商环境,形成创新的利益共同体,形成集聚效应和规模效应,实现优势整合。

### (二)加快产业结构升级,构建良性协同的文化创意产业体系

首先,加快大湾区内产学研结合实践,推动更多企业成为创新活动主体,建设基于"知识链—专业链—产业链"良性循环的大湾区文化创意创新通道。其次,完善面向创新的多层次资本市场建设以及粤港澳区域股权交易市场,推进创意创新与金融创新的"双轮"驱动。最后,坚持人才培养和人才引进"两条腿"走路,既要建设各种类型、各种层次、各种特色共存的高等教育生态系统,又要制订大湾区引才计划,畅通人才流动通道,提升大湾区对人才的吸引力。促进粤港澳大湾区各种创新要素在优化互补的基础上不断吸纳新

的创新要素,形成纵向层级丰富、横向连接广泛的文化创意产业体系。

### (三)避免恶性同质竞争,强化粤港澳三地各自优势文创特色

"一国、两制、三税区、三法律、三货币"的多元制度格局既是粤港澳大湾区一体化发展的阻碍,又是粤港澳大湾区多元协同发展的独特优势所在。三地应融合大湾区各城市间的共同需求,建立三地分工协作的文化创意产业生态圈,充分发挥各自在产业、人才、市场等方面的优势,使大湾区各城市间文化创意产业形成错位发展、优势互补的良性发展格局,最终形成多圈、多核、开放、共生的大湾区文化创意产业多元协同生态系统。

**作业:**

1.了解所在地区的文创产品的情况,对其价格、销售、造型、色彩、材质与生产等进行相应调查。

2.分析所在地区的文创产品的发展趋势与现状,了解国外文化创意产业发展的成功经验,分析值得粤港澳大湾区借鉴的部分。

**延伸阅读:**

1.中共中央 国务院印发《粤港澳大湾区发展规划纲要》[EB/OL].(2019-09-18)[2024-03-25].http://www.xinhuanet.com/politics/2019-02/18/c_1124131474.htm.

2.广东省人民政府关于印发广东省建设国家数字经济创新发展试验区工作方案的通知[EB/OL].(2020-11-03)[2024-03-25].http://www.gd.gov.cn/zwgk/gongbao/2020/34/content/post_3367023.html.

3.知了文创.手工达人看了都心动丨潮州木雕贴金DIY摆件[EB/OL].(2023-06-27)[2024-03-05].https://www.xiaohongshu.com/explore/649a4d4d0000000001203e9b2.

**参考文献:**

1.唐孜孜,冯群星.广东文化产业增加值居全国首位[N].南方都市报,2017-09-2(A03).

2.姜晓丹.创新机制、搭建平台——粤港澳大湾区有个"文创联盟"[N].人民日报,2012-12-01(7).

3.胡秋华,何楚玉.粤港澳大湾区文创产业的发展研究[J].中国商论,2021(3):105-106.

4.李晓峰,冯紫薇.日韩文创产业发展对广东文创产业国际化的启示[J].广东经济,2019(11):38-43.

5.张智慧.5G时代金融支持粤港澳大湾区文创产业高质量发展研究[J].投资与合作,2021(2):86-88.

6.李斌,刘强,柳剑能,等.借鉴英国经验 献策粤港澳大湾区文创产业[J].南方传媒研究,2019(6):71-88.

7.杨睿博.粤港澳大湾区文化产业协同发展对策[J].深圳信息职业技术学院学报,2019(5):14-18.

8.臧志彭,伍倩颖.世界四大湾区文化创意产业结构演化比较——基于2001-2016年全球文创上市公司的实证研究[J].山东大学学报(哲学社会科学版),2019(1):34-43.

9.丁远泓.大湾区立起文化"范儿":共建创意文化产业圈[EB/OL].(2022-12-28)[2024-03-25].https://www.time-weekly.com/wap-article/298721.

10.黄宙辉,魏超然.第十九届广州国际纪录片节4月15日开幕,46部佳作入围终评[EB/OL].(2022-04-14)[2024-03-05].https://new.qq.com/rain/a/20220414A0CY3W00.

11.【莞博文创】莞博端午,荔红粽香!"红绿CP"上线啦[EB/OL].(2022-05-27)[2024-03-25].https://www.sohu.com/a/551779903_121107011.

# 第三章
# 文化创意产品的设计开发流程

**本章要点**

了解文化创意产品的开发流程,掌握市场调研、消费者分析、定位以及如何打样等细节。

文创产品的设计,是以特定文化为基础,总结、提炼出具体可视的文化形象,并通过创意设计的手段使这一形象与产品相结合的过程。一件典型的文创产品,首先从文化形象设计开始。文化形象设计是一个从抽象到具体的过程,首要步骤是文化概念设计:通过调研,确定该文化的历史演变、现象、受众,形成对该文化概念的基础认识,总结文化概念定位。文化概念设计完成后,要进行文化形象的可视化设计,这是一个视觉传达设计的过程,选定具有代表性的、合适的文化元素进行设计加工,在充分考虑该文化受众的前提下,形成文化基础形象,再进一步推导出其衍生形象。

## 第一节 基于符号学开展文化调研

符号学是一门跨学科且包容性强的学科,在设计、教育等学科领域都有着重要的启迪意义。瑞士语言学家费尔迪南·德·索绪尔(Ferdinand de Saussure)为符号学理论奠定了坚实的基础,他率先提出了符号学的基本概念。美国符号学家查尔斯·桑德斯·皮尔斯(Charles Sanders Peirce)对符号学的研究,使符号学体系逐渐清晰完整。美国符学家查尔斯·威廉·莫里斯（Charles William Morris）提出语构学研究符号在整个符号系统中的相互关系；语义学研究符号与实物的关系，语用学则研究符号使用者对符号的理解和运用，由此形成了符号学的基本框架。有关符号学的研究为文化研究奠定了基础，提供了深入理解和解释文化符号的方法和工具，使之成为开展文化调研的重要方法。基于符号学开展文化调研的步骤包括以下内容。

## 一、确定文化符号

在开始调研之前，调研者首先需要确定要研究的文化符号。这些符号可以是具有代表性的图像、图案、物品等，也可以是习俗、仪式、语言等。在选择文化符号时，调研者需要考虑它们在所研究文化中的重要性和代表性，以及它们与该文化中的历史、价值观和信仰等方面的联系。比如，广东省博物馆要设计具有岭南特色的文创产品，这个时候就要研究岭南文化具体的符号有哪些。文化的形态一般分为器物文化、行为文化和观念文化，这些方面的岭南文化都可以作为研究的文化符号，例如，建筑、雕刻、粤剧、民俗文化等。

## 二、分析文化符号

在确定了所要研究的文化符号之后，调研者需要对它们进行深入的分析。调研者可以从岭南文化符号的形式和特征、意义、语境等入手，分析文化符号的形式和特征，包括形状、颜色、线条、声音等，以及它们在文化中的表现方式，探讨文化符号所表达的意义和象征意义。调研者可以通过研究该符号在该文化中的历史、传说、神话、文学作品等方面的表现来了解以上内容，并分析文化符号在不同语境下所表达的意义。同一个符号在不同的历史时期、地域、社会群体中可能会有不同的意义。

## 三、比较文化符号

在分析了单个文化符号之后，调研者可以将它们进行比较，以了解它们之间的相似性和差异性。这有助于我们更好地理解该文化的特征和演变过程。比较时，调研者可以关注以下几个方面。第一，符号的起源和传播：探讨不同文化中相似符号的起源和传播过程，了解它们在不同文化中的演变和影响。第二，符号的意义：比较不同文化中相似符号所表达的意义和象征意义，了解它们在不同文化中的差异和相似之处。第三，符号的应用场景：分析不同文化中相似符号的应用场景和使用方式，了解它们在不同文化中的功能和作用。

## 四、挖掘文化符号的意义

挖掘文化符号的意义是进行文化调研的关键步骤。这需要我们深入了解该文化的历史、价值观、信仰等方面，以及该符号在该文化中的表现方式和意义。我们可以通过历史文献研究、田野调查、参与观察等方式来挖掘文化符号的意义。在历史文献研究中，调研者查阅相关历史文献和资料，了解该符号在该文化中的起源、演变和传播过程，以及它与该文化的历史事件和社会背景的联系。在田野调查中，调研者通过与该文化群体的人进行交流，了解他们对该符号的理解和使用方式，以及该符号在他们生活中的作用和意义。调研者也可以参与观察，比如深入参与该文化群体的活动和仪式，观察该符号在这些场合中的表现和使用方式，以及它所传达的意义和象征意义。比如图3-1为十二章纹的设计，其历史悠久，图形造型与寓意都承载着古人对未来的美好向往。在"懿纹裁新"十二章纹广告设计中，"懿"释义为美好；"纹"即十二章纹；"裁新"一语双关，字面意思指使用十二章纹作为装饰元素裁制新衣，引申意义则是以传统元素十二章纹为设计灵感，使其与现代表现形式相结合，以此创造出新的设计。

图3-1　十二章纹（作者：季惟；指导老师：赵绍印）

在完成了对文化符号的分析、比较和意义挖掘之后，调研者需要进行总结和呈现。一是总结调研结果：将调研过程中所获得的信息进行整理和分析，总结出该文化符号的特征、意义和价值。二是呈现调研结果：将调研结果以文字、图表、海报等形式进行呈现，以便其他人了解该文化符号的特点和意义，同时也可以为该文化的传承和发展提供参考和启示。图3-2、图3-3、图3-4是设计者对广东连南瑶族的服饰符号进行提取、分析和最后呈现的结果。

图3-2　女性瑶族服饰（作者：王君茹、王婧、钟运红；指导老师：龚思颖）

第三章 文化创意产品的设计开发流程

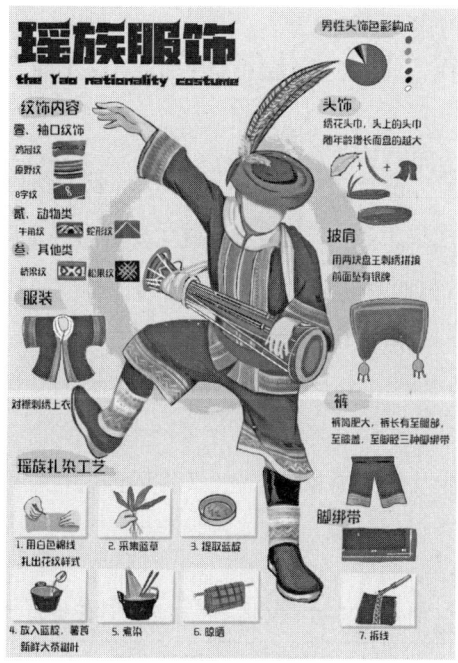

图3-3 男性瑶族服饰
(作者:王君茹、王婧、钟运红;指导老师:龚思颖)

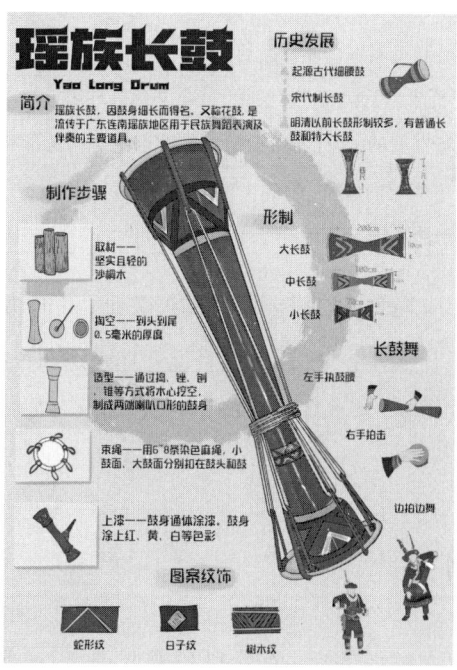

图3-4 瑶族长鼓
(作者:王君茹、王婧、钟运红;指导老师:龚思颖)

# 第二节 文化创意产品市场调查

文创产品市场调查是一种有计划、有组织的活动,它必须遵照一定的工作程序有条不紊地进行,以取得预期成果。文创产品市场调查主要分为确定调查任务、制订调查计划、确定调查方法、实施调查计划、撰写调查报告5个阶段。

## 一、确定调查任务

文创产品市场调查涉及的范围非常广泛,关注的问题也很多。我们从表3-1中可以了解到。

表3-1 文创产品市场调查任务表

| 调查任务 | 具体内容 |
| --- | --- |
| 市场容量 | 市场可能容纳的最大数量及本企业可能占有的市场比例 |
| 需求特点 | 产品、价格、促销、分销等 |
| 竞争对手 | 主要竞争对手及潜在竞争对手 |
| 目标客户 | 最有可能接受和购买本企业产品的客户 |
| 市场环境 | 经济、人口、技术、自然、政治、法律、社会文化等环境 |
| 发展预测 | 找出影响市场发展的主要因素,分析可能的市场机会及不利情况 |
| 目标市场 | 确定产品在市场上的地位,明确主要优缺点,进行市场细分,决定目标市场,并提出今后应采取的营销策略 |

在组织调查活动时,应当先找出需要解决的最关键、最迫切的问题,选定调查主题,明确此次调查活动要完成什么任务、实现什么目标。在确定调查主题时,应对主题进行限定,避免出现调查主题不明确、不具体的问题。当然,调查主题的界定也应该避免太窄、太细微。

## 二、制订调查计划

在确定文创产品调查的任务后,为顺利开展调查活动,调查人员应准备一份专业的调查计划,并形成专业文书——调查计划书。计划书的内容一般包括以下四个方面。

第一，摘要：对整份报告书的关键内容进行提炼，提供理解报告基本内容的充分信息。

第二，调查目的：阐明项目背景，研究问题、备选的各种可能决策，以及该调查结果可能带来的经济效益或现实意义。

第三，调查内容和范围：阐明调查的主要内容，规定所需获取的信息，列出主要的调查问答题和有关的理论假设，明确调查的范围和对象。

第四，确定调查资料的来源。文创产品调查计划必须考虑资料来源的选择。调查资料按其来源分类，可分为第一手资料和第二手资料。第一手资料指基于调查目的收集的原始资料，常来自实地考察和深度访谈等，大部分市场调查都需要收集第一手资料。收集第一手资料的费用一般比较高，但得到的资料通常与需要解决的问题关系更为密切。第二手资料指根据调查目的收集、整理的各种现成的资料，包括年鉴、报告、文件、期刊、文集、数据库、报表等。例如，开发博物馆文创需要设计者侧重文物、典籍、历史等资料的梳理，开发旅游文创需要设计者侧重对地域文化、景观特色、民俗文化等资料的梳理。与收集第一手资料相比，收集第二手资料的成本通常要低很多。它与实地调查法、观察法等收集原始资料的方法是相互依存、相互补充的关系。

在制订市场调查计划前，我们应明确市场调查的步骤。

市场调查的步骤包括：确定调查目标、确定所需信息资料、确定资料收集方式、收集现成资料、设计调查方案、组织实地调查、统计分析结果、准备研究报告、调查方针与方法、掌控调查进度和经费预算等。

制订调查计划是十分重要的一步，它将管理决策部门的问题转换成能够提供及时、准确信息的调查项目。市场调查计划书是对市场的全面情况或某一侧面、某一问题进行调查研究后撰写出来的文书，应具备不同于其他计划书的特点。

市场调查计划书要列出调查项目负责人及主要参加者的名单，说明每个人的专业特长以及在该项目中的主要分工。课题组成员的水平和经历对获得项目的批准是有一定作用的。此外，还应对一些细节作出说明：方案的技术说明及细节说明；问卷设计中的有关技术说明；数据处理方法、所用软件等方面的说明。

## 三、确定调查方法

在开发文创产品的实际工作中,企业经常面对"产品的设计很好为什么卖不掉""产品创意应该如何兼顾或取舍高销量、低成本、优设计"等问题。因此,企业需要结合自身的情况,选择合适的市场调查方法。

根据调查对象的范围大小,市场调查还可以分为普遍调查和抽样调查两大类。普遍调查可以获得全面的统计数字,但因为实施起来费时费力,成本高,通常政府机构、大型企业为了某些特定的目的才采用普遍调查,在文创产品市场调查中普遍调查较少使用。

根据实际需要,本节将市场调查方法分为定量调查和定性调查两大研究方法,其研究目标、研究对象、研究方法各不相同。定量研究重视预测与控制,定性研究重视对意义的理解;定量研究强调事实的客观实在性,定性研究强调对象的主观意向性;定量研究注重经验证实,定性研究注重解释与建构。

定性调查包括访谈法、观察法等。

第一,访谈法,又称临床式无结构访问,即由训练有素、沟通技能较强的调查员直接与被调查者进行面对面的询问及讨论,以了解调查对象对某些问题的情感、动机、态度、观点等。访谈法主要利用访谈者与受访者之间的口语交流,达到意见交换的目的,是定性研究中经常采用的资料收集方法之一。访谈法的优点与缺点如表3-2所示。

表3-2 访谈法的优点与缺点

| 访谈法的优点 | 访谈法的缺点 |
| --- | --- |
| *灵活、细致。访谈者提出多个可自由讨论的问题,便于访谈者与受访者对复杂的问题进行详细的讨论。<br>*沟通性较强。一对一的良好的沟通气氛,可缓解因调查内容产生的紧张情绪,可以获得更深层次的洞察。<br>*减少语意表达的失误,确保受访者能准确地理解问题的含义。<br>*访谈者易做可信度评估,辨别其回答的真实程度。 | *受访谈者的素质影响,调查质量很大程度上依赖于访谈者的沟通能力和访谈技巧。<br>*统计汇总和数据处理较困难,需要专业分析人员进一步归纳和判断。<br>*时间长、费用高,实地调查中深度访谈的样本量通常有限。 |

第二,观察法。观察法是一种单向调查法,主要是由调查人员通过直接观察人们的

行为,进行实地记录,从而获得所需资料。根据其具体操作方式,观察可分为单向观察、行动跟踪等形式,操作较为简便,但需要观察人员具有较强的洞察能力。

单向观察:单向观察是调查人员通过单向镜了解特定场景下受众的言行和表情。单向观察的关键是必须始终使被调查对象处于不察觉的状态,以得到真实洞察。

行动跟踪:调查人员在旅游景区和博物馆等现场,可通过行动路线分析游客的兴趣点,重点关注游客停留时的接触点,从而进行针对性的文创设计。

在文创产品调查中,调查者要观察受众使用文创产品和服务的过程。观察受众使用文创产品的习惯,在使用过程中会出现哪些痛点,从而找到文创产品改良创新的机会。

在受众体验标准调查中,调查者要观察受众的询问内容与顺序。调查人员用"蹲守"或角色扮演的方式,记录受众咨询哪些问题、询问这些问题的顺序等,从而分析出各种类型受众的产品体验。

定量调查分为探索性调查、描述性调查和因果关系调查3种类型。

第一,探索性调查。

探索性调查一般是指当调查主题的性质与内容不太明确时,为了明确调查问题的性质、调查方向和范围而进行的收集初步资料的调查活动。如某企业在经营活动中发现近几个月文创产品销量下降,其原因可能是竞争者争夺了市场、市场上出现了新的替代品、受众的爱好发生变化或文创企业产品质量出现问题。此时,文创企业就可以通过探索性调查了解情况、寻找症结,从而及时发现问题,从变化的市场环境中发掘出对市场营销决策有积极意义的新因素。

第二,描述性调查。

描述性调查是对市场决策过程中所面临问题的不同因素、不同方面的调查,是一种强调资料数据的采集和记录,着重于静态描述客观事实的调查方法。描述性调查寻求对"谁""什么""什么时候""哪里""怎样"等问题的回答。不像探索性调查,描述性调查基于对调查问题性质的一些预先理解。企业在制定短期市场战略时,需要对近年来文创产品需求的发展变化作出分析与预测;在制定长期战略时,则依赖于对现实及未来相关情况的了解,包括对消费者的收支结构及变化情况、文创产品的社会拥有率、饱和度和普及率,以及现有竞品市场现状等方面的调查。

问卷法是最为常见的描述性调查方法,其优势是成本低、数量大,能够较快地得到反馈。在互联网时代,在线问卷为市场调查提供了许多便利,受到的限制也比较少。用于调查的问卷通常包含一系列开放式问题和封闭式问题,分别要求调查对象选择、判断和写出相应的答案。

运用问卷法的关键在于问卷的设计、调查对象的选择。问卷设计者需要把握调查对象的心理特征,遵循一定的心理顺序,以防调查对象感到不舒服。问卷设计者也要了解调查对象对问卷语境的理解能力,对于调查对象的选择是否准确、问卷的问题设置能否洞察调查对象动机,调查人员应做好事前预判。为适应不同受众和环境,问卷设计者应设置好问卷的层级和逻辑,从而得到不同层次人群的需求数据。

第三,因果关系调查。

因果关系调查是指为了分析文创产品市场活动的不同要素之间的因果关系,查明导致某些现象产生的原因而进行的调查。在企业的经营管理活动中,文创产品的销售增长与产品质量、营销渠道、广告形式、消费者收入等因素相关。因果关系调查侧重找出在这些关系中何为"因"、何为"果",哪一个"因"是主要的、哪一个"因"是次要的,各个"因"的影响程度等。

## 四、实施调查计划

实施调查计划主要包括市场数据资料的收集、加工处理和分析。

第一,数据资料的收集。调查团队要对调查工作进行监管,防止调查中出现偏差,以确保调查计划的实施。如在采用访谈法调查时,不要有意或无意地诱导调查对象进行带有倾向性的、不诚实的回答,要协助解决可能发生的调查对象拒绝合作等问题;在采用观察法调查时,要防止调查人员出现遗漏信息等差错。

第二,数据资料的加工处理和分析。收集到的数据资料必须经过科学的加工处理,才能做到去伪存真、去粗存精。数据资料的处理包括对调查资料的分类、综合与整理,加工处理的关键在于保证信息的准确性与完整性。

经过对调查资料的加工处理,调查人员就可以对它进行分析,以获得调查结论。根据资料分析的性质,可以分为定性分析与定量分析;根据资料分析的方式,可以分为经验分析与数学分析。现在越来越多的企业借助大数据分析方法对调查资料进行定量分析。

利用先进的统计学方法和决策数学模型,辅之以经验分析与判断,可以较好地保证调查分析的科学性和正确性。

现今网络化的媒体平台将受众重新聚合,新媒体的使用者大多是以兴趣爱好等进行群体划分。与传统社会相比,现今社会结构的紧密性和稳定性日益削弱,人们对文创产品消费有了个性化的需求,大数据的运用在挖掘受众与消费者市场中有着显著作用。

### 五、撰写调查报告

在对市场调查资料分析处理的基础上,调查人员得出调查结论,以调查报告的形式总结汇报市场调查结果。通过查看调查报告,我们可以了解具体某文创项目的市场发展现状,从而提出设计策略和解决方案,调查报告对于决策人员、文创设计师、营销人员等都具有重要的参考价值。

## 第三节　文化创意产品的消费者画像与行为分析

### 一、文创产品的消费者画像

为了帮助设计师真正理解和发现市场的潜在需求,设计出体验感更佳的产品,阿兰·库珀(Alan Cooper)提出了"人物角色"的概念。他主张在一系列真实数据之上建立目标"人物角色"模型,用于诠释产品消费者和使用者的信息全貌。这对于文创产品设计的意义在于:文创产品是为了销售而生产的商品,因此,要聚焦产品的消费者,在深刻理解其真实数据的基础上"画出"一个虚拟的"人物角色"模型,即消费者画像,用于指导设计本身。

建立消费者画像要基于实际,我们要对其信息进行划分,包括社会和人口特征(性别、年龄、家庭状况、教育水平、工作与收入等)、消费者需求、需要和期待、消费习惯和动机等。消费者画像是根据消费者社会属性、生活习惯和消费行为等信息而抽象出的一个标签化的人物角色模型。比如在进行广东省博物馆的文创产品设计时,设计者构建的用户画像就是对岭南文化感兴趣的参观者,如图3-5所示。从消费者视角出发,该博物馆的核心用户画像集中表现在这三类人群,即都市白领、文雅妈妈、Z世代等构成的消费主力,预计女性用户占比超过7成,出于文化自信、悦己减压、治愈陪伴、个性表达等多层次的用户需求,这些核心人群也表现出更强的购买力与忠诚度。构建用户画像的核心工作是给用户贴"标签",即通过对用户信息分析得出高度凝练的特征标识。利用用户画像不但可以做到产品与服务的"对位销售",而且可以针对目标用户进行产品开发或者服务设计,做到按需量产、私人定制,从而形成企业发展战略。

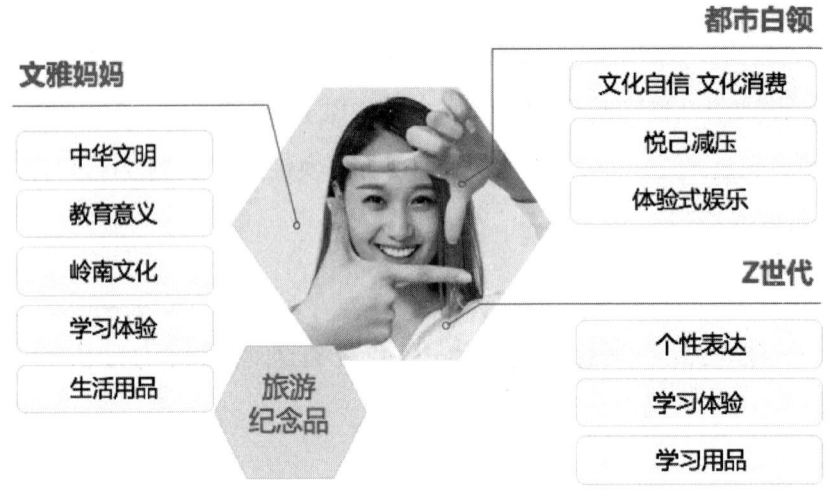

图3-5 广东省博物馆的文创产品消费者画像(制图:乔国玲)

在建立消费者画像时,我们可采用卡片分类法梳理相关信息,如图3-6所示。比如在对某地区少数民族的主要文化特征进行分类时,首先,将收集到的关键信息做成卡片,请团队共同讨论。其次,将卡片分门别类地贴在一起,分类描述。再次,根据目标消费者的特征、行为和观点的差异,将其区分为不同的类型。最后,从每种类型中抽取典型特征,赋予名字、一张照片、一些人口统计学要素和场景等描述,从而形成该地区少数民族的一个文化风俗画像。

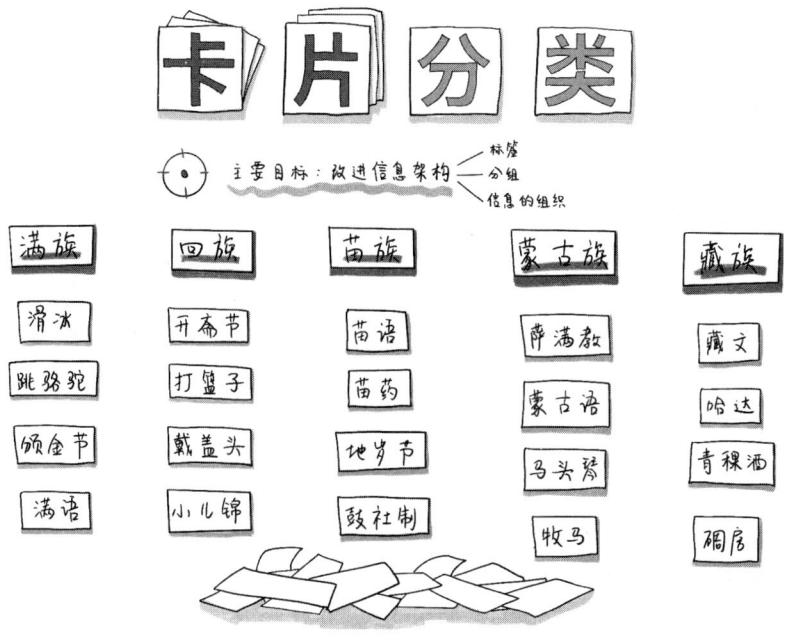

图3-6 采用卡片分类法梳理信息（制图：巫芷欣）

## 二、文创产品的消费者行为分析

　　文创产品市场调查的重点之一是消费者行为分析。市场营销的目标是通过文创产品满足消费者需要，这就需要了解消费者的购买动机、需要和偏好。对消费者进行分析研究，可以为开发新产品，确定价格、渠道、促销及其组合提供线索。消费者行为分析主要包括：消费市场的特征，消费行为模式，影响消费行为的主要因素，消费者购买决策过程等。例如，在广东省博物馆的文创产品消费者分析中，通过访谈和观察，我们发现潜在的女性消费者达到70%以上，特别是文雅妈妈这个群体的复购率较高。我们要从以下五个方面对其消费行为进行分析。第一，从心理学角度分析消费者的动机、态度和个性，帮助营销者了解购买者的购买心理活动及其对购买行为的影响。第二，从社会角度分析社会阶层、家庭结构、相关群体等对于消费者行为的影响。第三，从传播学角度分析消费者如何收集产品信息、收集信息的渠道以及他们对产品宣传的反应等。第四，从经济学角度分析消费者的经济状况如何影响其产品选择、费用开支以及如何作出购买决策以获得最大的满足。第五，从文化人类学角度分析人类的传统文化、价值观念、信仰和风俗习惯等对消费者行为的影响。

### (一)文创产品消费市场的特征

文创产品消费者的特点,决定了消费市场的特征:第一,市场广阔,消费人群较为集中,如博物馆、旅游景点等。第二,市场需求弹性较大。第三,文创市场的产品种类繁多,需针对受众进行高、中、低档分层分析。第四,消费者具备一定的文化认知水平。第五,购买时在乎情感和印象,消费者易受宣传、情境和服务等因素的影响。第六,除少数高档耐用文创产品外,消费者对技术服务要求不高。

### (二)文创产品消费行为模式

文创产品的消费行为十分复杂,消费者在购买文创产品或服务过程中发生的一系列行为反应,犹如一个"黑箱"。外部刺激经过"黑箱"产生反应后,引起"刺激—反应"的消费行为。图3-7为购买者行为模型。

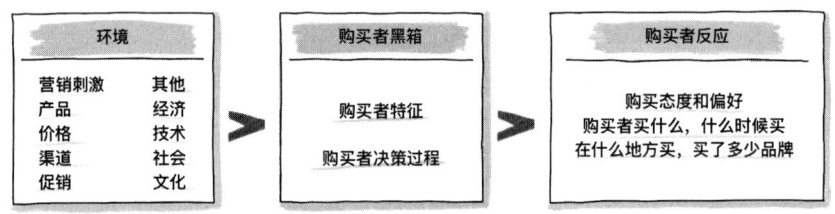

图3-7 购买者行为模型(制图:巫芷欣)

市场营销学家把消费者的购买动机和购买行为概括为6W和6O,从而形成消费者购买行为研究的基本框架。

第一,市场需要什么(what)——有关产品(objects)是什么。通过分析消费者希望购买什么,为什么需要这种商品而不需要那种商品,研究企业应如何提供适销对路的产品以满足消费者的需求。

第二,为何购买(why)——购买目的(objectives)是什么。通过分析购买动机的形成(生理的、自然的、经济的、社会的、心理因素的共同作用),了解消费者的购买目的,采取相应的市场策略。

第三,购买者是谁(who)——购买组织(organizations)是什么。分析购买者是个人、家庭还是集团，购买的产品供谁使用，谁是购买的决策者、执行者、影响者。根据分析，组合相应的产品、渠道、定价和促销。

第四，如何购买（how）——购买组织的作业行为（operations）是什么。分析购买者对购买方式的不同要求，有针对性地提供不同的营销服务。在消费者市场，分析不同类型消费者的特点，如经济型购买者对性能和廉价的追求，冲动型购买者对情趣和外观的喜好，手头拮据的购买者要求分期付款，工作繁忙的购买者重视购买方便和送货上门等。

第五，何时购买（when）——购买时机（occasions）是什么。分析购买者对特定产品的购买时间的要求，把握时机，适时推出产品，如分析自然季节和传统节假日对市场购买的影响程度等。

第六，何处购买（where）——购买场合（outlets）是什么。分析购买者对不同产品的购买地点的要求，如对于消费品中的方便品，顾客一般要求就近购买；对于选购品顾客则要求在商业区（地区中心或商业中心）购买，以便挑选对比；对于特殊品，顾客往往会要求直接到企业或专业商店购买等。

### （三）影响文创产品消费行为的主要因素

受众的购买行为取决于他们的需要和欲望，人们的消费习惯和行为，是在多种因素的影响下形成的。这些因素主要包括受众个人的内在因素，如受众个体特征和心理因素，也包括其外在因素，如文化因素、社会因素等。这些因素大多数是营销人员无法控制但又必须加以考虑的影响因素。

第一，文创产品受众个体特征。个体的某些特征会对购买行为产生影响，特别是购买者的年龄、经济能力、职业、生活方式和个性，这些特征值得企业加以重视。个体特征不同，购买方式、品类、动机也各不相同。例如，从年龄来看，儿童喜欢玩具、文具等商品，老人则注重养生；从职业来看，教师更关注具有文化内涵的产品，设计师喜欢具有设计感的商品；从经济能力来看，高收入群体消费能力强，喜欢艺术品位高、能够代表其身份的产品，低收入群体则较关注实用性产品。文创产品设计师对受众个体进行分析，根据个体的行为特征，能够更准确地选择产品品类作为文化创意的载体。

第二，文创产品受众的心理因素。西方心理学者曾提出一些不同的人类动机理论，对受众行为分析和市场营销策略有一定的参考价值，其中最为流行的人本主义哲学家马斯洛的需求层次理论（图3-8）。马斯洛按需求的重要程度排列，把人类的需求分为五个层次：生理的需求、安全的需求、爱和归属的需求、尊重的需求和自我实现的需求。值得注意的是，由于文创产品的情感溢价，它往往能够满足受众更高层次的需求。

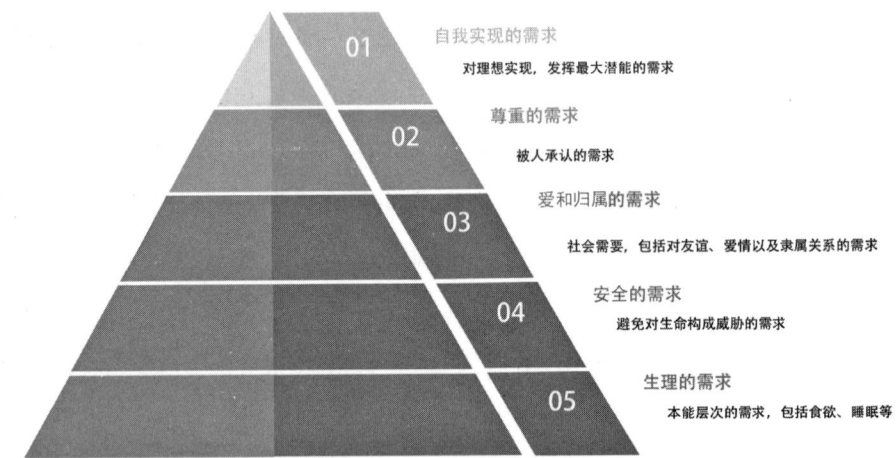

图3-8　马斯洛的需求层次理论①

第三，影响受众的文化因素。文化是影响人们需求与购买行为的重要因素。文化是相对于经济、政治而言的人类全部精神活动及其产品。人们的行为大部分是经后天学习而形成的。人们在一定的文化环境中成长，自然形成了一定的观念和习惯。文化主要包括亚文化和社会阶层两方面的内容。

从社会结构的角度来看，亚文化是处于弱势地位群体对主流的意识形态作出的反应，并随之形成的认识体系和表达方式。任何文化都包含着一些较小的亚文化群体，亚文化以特定的认同感和社会影响力将各成员联系在一起，使这一群体持有特定的价值观念、生活格调与行为方式。亚文化群体主要包括民族群体、宗教群体、种族群体和地理区域群体。

每一类型的社会都有各种不同的社会阶层。这些社会阶层有其相对的同质性和持久性，它们按等级排列，每一阶层的成员都具有类似的兴趣、价值观和行为方式。消费者的消费行为与其所处的社会阶层有着密切的联系。

第四，社会因素。消费行为不但受广泛的文化因素的影响，而且受社会因素的影响。

---

① 马斯洛的需求层次理论的核心是：人类具有不同层次的需求和欲望，随时有待满足。

社会因素是指受众周围的人对他（她）所产生的影响，其中以受到相关群体、家庭、社会角色和地位的影响最为重要。

相关群体。所谓相关群体，就是能直接或间接影响人们态度、行为和价值观的群体，即人们所属并且相互影响的群体。对受到相关群体影响比较大的产品和品牌的生产企业来说，重要的工作便是找出该群体的"意见领袖"。

家庭。购买者的家庭成员对购买者的行为影响很大。每个人都会受父母直接教导或潜移默化地获得许多心智倾向和知识、价值观等。部分认知则是来自自己的配偶和子女。家庭组织是文创产品最重要的购买单位。

角色和地位。角色是指一个人在不同场合中的身份。人在不同群体中的位置可用角色和地位来确定，这些都会影响其购买行为。

### （四）文创产品受众购买行为的决策过程

文创产品受众购买行为的决策过程是程序过程和心理过程的统一。受众购买行为的过程是受众外在购买行为的表现。购买行为的心理过程是受众内在的行为推动，两者共同体现在购买行为决策过程中。

受众购买行为的程序过程是指受众购买行为中言行举止发展的事务顺序。它包括问题认识阶段、信息调研阶段、选择评价阶段、购买决策阶段和购后评价阶段。值得注意的是，消费者对文化的考虑贯穿整个购买行为过程（图3-9）。

图3-9 购买行为过程（制图：巫芷欣）

文创产品受众购买行为的心理过程是指受众购买行为中心理活动的全部发展过程，是受众不同的心理现象对客观现实的动态反映。这一过程与上述购买行为的程序过程平行发展，一般分为六个阶段，即认识阶段、知识阶段、评定阶段、信任阶段、行动阶段和体验阶段。这六个阶段，可以概括为三种心理过程，即认识过程、情绪过程和意志过程。

## 第四节 文化创意产品的定位

文创产品定位是确定文创产品在目标顾客心中位置的过程,即运用商业化思维分析市场需求,为其设定一个合适的方向,让产品在未来市场上具有足够竞争力的过程。文创产品定位的正确与否直接关系到设计的最终成败,在文创产品开发设计过程中起着引领方向的作用。如果没有明确的定位,自由发挥,设计师便会失去清晰的设计目标,无法解决设计需要解决的关键问题。

文创产品定位是原则性的、方向性的、抽象性的。在创作之初,设计师的创意总是发散性的、灵活的、不确定的。整个过程是一个思维跳跃和流动的动态过程,是一个反复的、螺旋上升的过程。因此,文创产品定位需要设定清晰的设计目标,寻找最佳设计点,即设定产品开发的战略方针。

所谓最佳设计点,是在设计师与受众之间寻求的一种平衡,指既能满足受众需求,又能兼顾设计师创意的结合点。追求设计目标的最佳设计点,应以多种条件和基本元素为基点,在这个基础上进行定性、定量的分析,然后根据这些目标反推文创产品定位。可见,文创产品定位的最终目的是确定一个合适的产品设计方向,同时作为检验设计是否成功的标准。设计师常用的设计定位有如下几种。

### 一、文创产品人群定位

在文创产品开发与设计过程中,首先应当确定使用和购买该产品的目标人群,即明确这个产品的用户和客户——目标消费群体。一旦目标消费群体确定,就会起到"事半功倍"的作用。近年来,在"流量经济"效应下,很多消费者热衷于"追"着网红美食去"打卡"。澳门处于亚热带地区,网红美食很多,但具有地域特色的并不多。澳门万象画廊书屋抓住了目标消费群体的心理特点,推出了"大三巴""恋爱巷""东望洋塔""关闸""妈阁庙"等多款世遗文创雪糕(图3-10)而爆红,使得前往澳门的"驴友"不再单一地站在大三巴牌坊前留影,而是高举这支文创雪糕与景点一起合照。

图3-10 澳门文创雪糕（作者：万象画廊书屋）

## 二、文创产品价格定位

绝大部分消费者都秉持着理性消费观，他们希望能够买到"物有所值"，甚至"物超所值"的商品。文创产品因其情感溢价所带来的附加价值比较多，价格定位也显得尤为重要。价格定位就是依据产品的价格特征，把产品价格确定在某一个区间，在顾客心目中建立一种价格类别的过程。因此，文创产品不能简单地划分为低档、中档、高档，设计者要做好充分的调研工作，全盘考虑，让消费者买个明白并获得情绪价值。

## 三、文创产品功能定位

文创产品功能定位是指在确定目标市场的基础上，根据潜在的目标人群需求的特征，结合产品的特点，对拟设计的产品应具备的基本功能和辅助功能做出具体规定的过程。这一过程要避免设计的"同质化"。凭借文创产品所具备的独特功能，抢占人们大脑里的"功能"专区，明确地告诉人们该产品能干什么，在生活中能起到什么作用，如何改变了人们的生活方式。

文创产品功能定位并非一个笼统的概念。功能定位要满足消费市场一个比较具体的需要，具备实用价值的文创产品往往更受青睐。例如，对于雨伞的功能定位，设计者要在时尚、挡雨遮阳、轻便、牢固等功能特点上进行斟酌。

### 四、文创产品质量定位

质量定位也叫品质定位，主要是通过强化目标人群对产品品质的认知来激发其对产品的认同、需求和购买欲望。适用于长期使用和收藏的产品，需要确保产品质量的"精良"。对于一些快消品也就是"用后即弃"的产品，一味追求过高的质量，可能会造成人力、物力等资源的浪费，因而只需要满足基本的使用需求，注重低碳环保即可。

## 第五节　文化创意产品图纸绘制与产品打样

在基本完成文创产品开发的前期调研工作后，设计师就可以开展设计了，不要让自己的想法仅仅停留在脑海中，在设计过程中，最佳表达方式就是绘制比较直观的草图。

### 一、文创产品设计草图

#### （一）草图分类

文创产品草图可分为概念草图、形态草图和结构草图三种形式。选择哪种草图，取决于设计师的习惯和客户的要求，有的设计师在表达概念的时候可能已经把形态和结构一起考虑清楚了。

第一，概念草图是设计师表达想法的草图，是一种比较简化的图形表达方式。其内涵是通过草图形式展开创意思维，研究形态演变过程，进行产品形态的发散构想。此类草图只要设计师本人理解就足够了。设计师需要迅速捕捉头脑中潜意识的设计形态进行构思，通过草图来推敲自己头脑中的概念，无须过多考虑局部造型处理、色彩、结构、质感等细节。在表现技法和材料的选择上，概念草图也没有特殊要求，只要方便记录，铅笔、圆珠笔、签字笔、马克笔均可。第二，形态草图是具体准确表达文创产品设计方案的草图（图3-11）。

这种草图注重形态的整体呈现,局部可以有变化,以便选择理想的设计方案。第三,结构草图的主要目的是找出结构与造型、结构与功能的内在联系,以便更好地理解、分析产品结构。

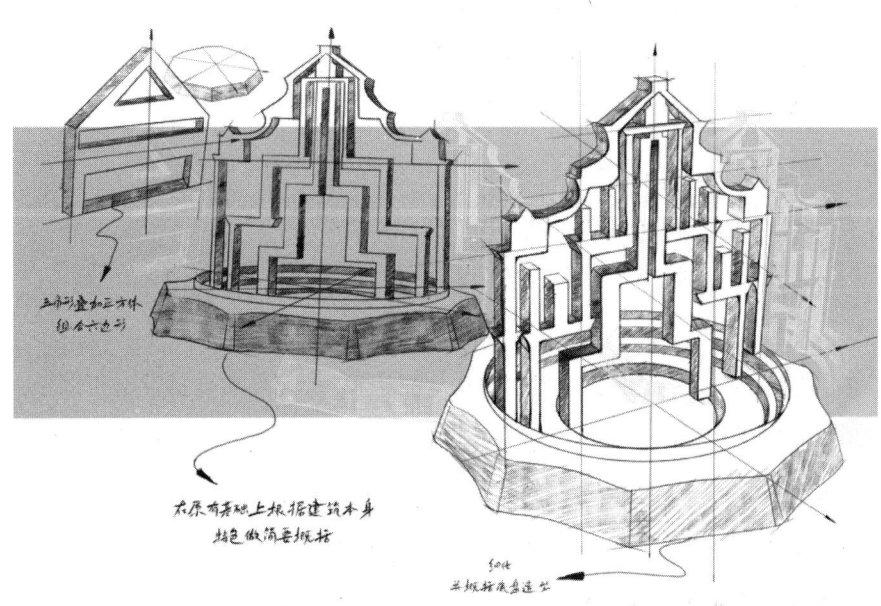

图3-11　澳门·大三巴香薰烛台形态草图（作者：陈晓雯；指导老师：龚思颖）

（二）草图的表现技巧及方法

文创产品设计草图需要表达一定的主题和内容,是对整体效果和感觉的记录。草图表现是文创产品的设计创意呈现的最重要的方式之一,最终目的是要将创意构思转化为产品,在进行产品草图绘制时设计师需要考虑其特殊的要求,如工艺、材料、功能等,力求清晰地表现自己的设计想法。因此,在产品设计表现上,行笔要有光滑流畅感,展现出产品的形态、肌理、材质效果等,不需要像绘画那样追求所谓艺术的效果,出现诸如飞笔、顿笔、颤笔等技法。

（三）草图中的透视关系

"透视"意为"看透""透而视之",是指在平面或曲面上描绘物体的空间关系的方法或技术。在产品草图中表现出透视关系是一种把三维世界在二维平面上加以表现的方法。产品设计要求在有限的时间内,不断深化和完善创意构思,对透视精确度的要求不高,但在快速表现时,设计师还是要有透视的概念,需要了解和熟悉透视作图的基本原理和基本方法。通过练习,设计师一般能够较好地掌握透视变化规律和选择表现产品的透视角度和透视方向。

以下是文创产品设计表现透视关系时的一般规律。

第一,近大远小:产品存在等长的线条时,远处长,近处短。产品的大小、线的粗细、色彩明度与纯度等都会因视距的变化而变化。

第二,近实远虚:因视觉透视形成的近处物象实、远处物象虚的现象。在产品手绘中表现为线的深浅、颜色的冷暖变化、光线的明暗对比强弱等。

第三,视平线的高低:视平线是指与眼睛等高,呈现在眼前的一条水平横线。可根据产品主要形态特征和主操作面的位置来确定,一般以三个观察面为佳。

第四,透视:主要分为焦点透视和散点透视两种。其中,焦点透视又可以分为一点透视、两点透视和三点透视。三点透视在表现与人体尺度差别巨大的物体时最常用,如在建筑设计中。在产品设计中一般较少有如此尺寸的物体,因此,一点透视和两点透视在产品设计表现中最为常用。一点透视又称平行透视,在其透视结构中,只有一个透视消失点。正立面为比例绘制,没有透视变化,适合表现一些主特征面和功能面均设置在正立面的产品,如电视机、仪表等。当物体的一个面和画面成角时,其物体在画面的透视为成角透视,也称两点透视。透视线消失于视平线心点两侧的灭点,适合表现大多数产品。

第五,视角:包括物体的摆放角度和设计师的观察角度。在草图绘制过程中,视角主要指观察产品的角度,即视线与产品所在平面所成的角度。一般来说,视角的选取应满足两个要求:必须能够最大限度地展现设计构思及产品的主要特征和细节;必须有助于确定产品的比例尺度。其中,产品的比例尺度由视线或地平线的位置以及平行线收敛速度所决定。人们对大的产品观察的视线会比较低,而对较小的产品一般都会从上向下观察。

第六,构图:设计师在有限的空间和平面内,需要对自己所要表现的形象进行有序的组织,形成整个空间和平面的特定结构。在汇报方案或参加比赛时,完整的设计快速表现图可以提升作品的"气质",参加正式的设计方案讨论会和评审会也会更容易得到认可。

## 二、文创产品工程制图

文创产品的设计分为两种程序：一种是由内而外，设计师根据结构工程师设计的产品内部机芯的原理结构图及零部件，合理地安排产品各部件之间的关系，由产品内部出发进行设计；另外一种是由外而内，设计师完成产品的形态设计，再由结构工程师依据产品的外观造型来设计内部结构，这种程序多用于内部结构原理简单的产品。因此，无论采用哪种程序，设计师都必须了解基本的工程技术语言，了解制图的基本知识，掌握制图的基本技能，了解制图的国家标准和规范，并且能够准确识别和读取制图信息等。在文创产品工程制图中，较为简单的制图是指产品的三面投影图，也叫三视图，既可以分为主视图、俯视图、侧视图，又可以根据产品造型特点分为主视图、侧视图和背视图（图3-12）。

图3-12 南海醒狮钥匙扣饰三视图

工程制图作为产品设计师创意表达的最后阶段，将设计与生产紧密联系在一起。工程制图是把二维设计具体化的必要手段，不仅为工程结构设计、外观造型加工提供了数据支持，还是产品设计表达视觉语言的主要构成部分，呈现了产品设计师与结构工程师的交流语言。图3-13、图3-14是通过3D建模做出来的三视图,尺寸和具体的结构、材质等都可以标注。

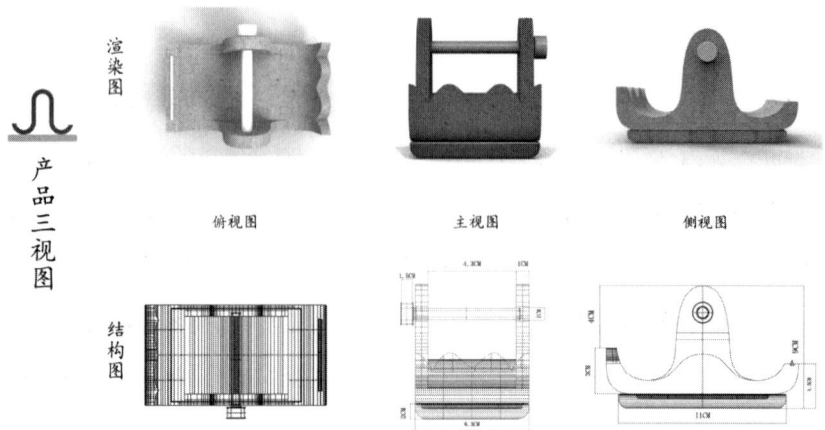

图3-13 岭南建筑镬耳屋造型的胶带架三视图(作者:林进仙)

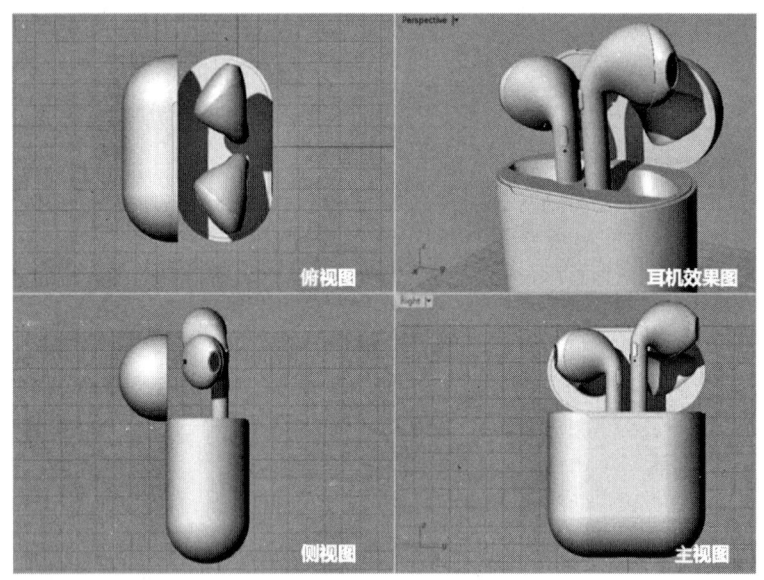

图3-14 耳机三视图

## 三、文创产品效果图

文创产品效果图应能清晰、准确地表达产品的造型、色彩、结构、材质甚至功能。在经过对诸多草图方案及方案变体的评价与筛选之后,设计师提(选)出的几个可行性较强的方案需要在更为严格的限制条件下进行深化。此时,设计师必须严谨、理性地综合考虑各种具体的制约因素,借助二维绘图软件及数位绘图板、计算机辅助设计等建模工具有效传达设计预想的真实效果,为下一步进行研讨与实体产品制作奠定基础。比如图3-15就可以很直观地展示出设想的效果。

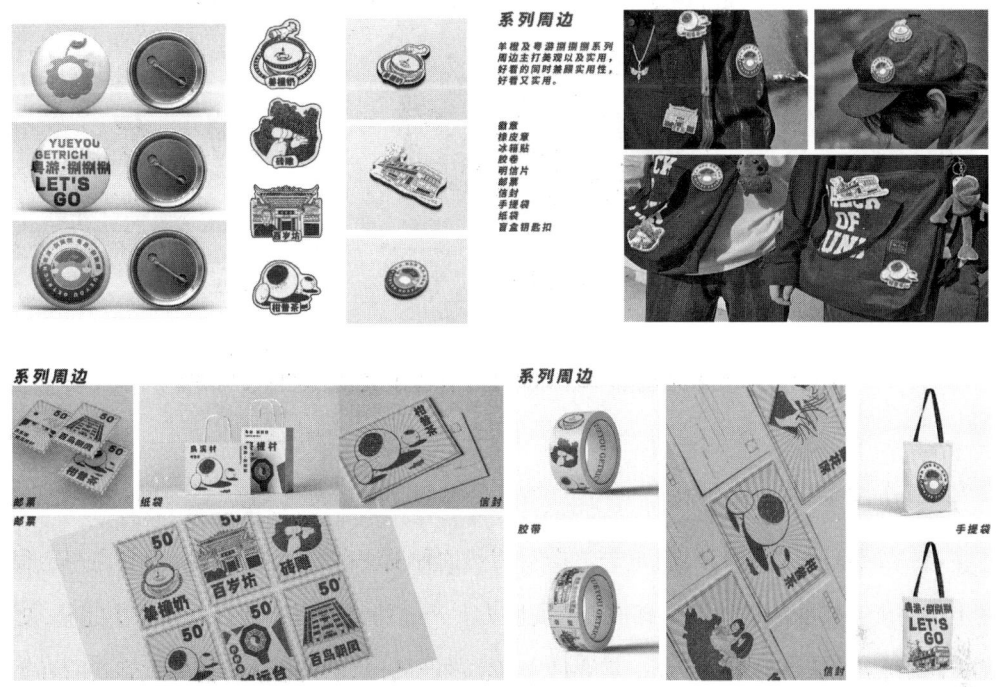

图3-15 "粤游捌捌捌"文创产品效果图(作者:巫芷欣、陈晓雯、吴绮迪)

（一）计算机建模

计算机建模是一个使平面化表达变成立体化表达的过程,能更加直观地表达设计师的创意(图3-16)。建模过程也是一个调整过程,在设计草图时,尺寸概念很模糊,难免会有一些出入。因此,设计师在建模时可以根据参数进行调整,完善产品的合理性和完整性。

在建模的整个过程中,细节处理也相当重要,产品的细节表现得越丰富,越能够展现产品的真实性,比如边缘的一个小倒角、壳体之间的装饰缝、小图标等。AI辅助设计的很多软件或平台现在已经非常智能化,使用者输出合适的提示词即可,可以辅助设计迅速迭代,快速发展。

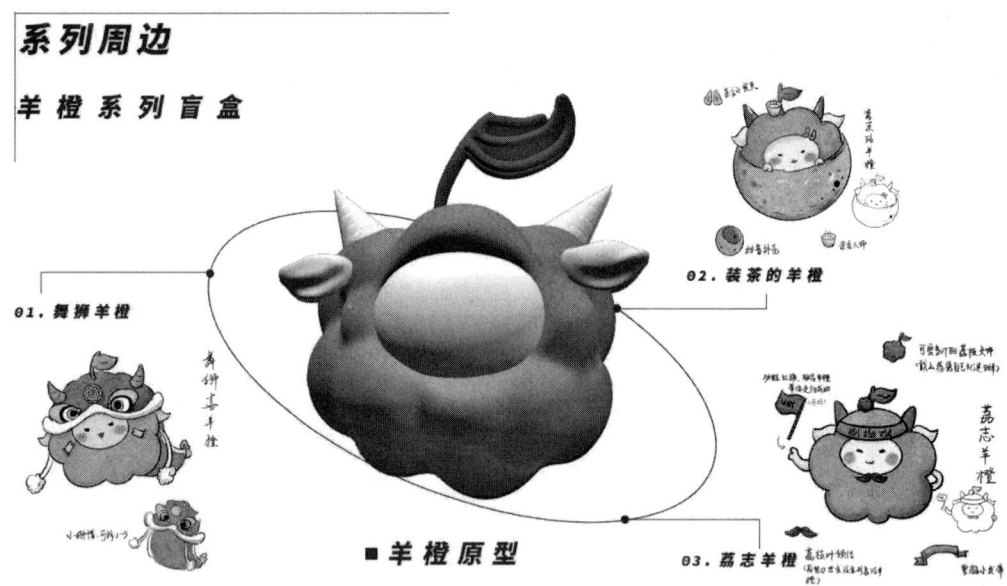

图3-16 羊橙系列盲盒之羊橙3D原型（作者：陈晓雯、巫芷欣、吴绮迪）

## （二）渲染

有一个说法是"三分设计，七分渲染"，当然这种说法有失全面、客观，但它在一定程度上说明了真实的渲染效果具有很强的说服力。产品的渲染可以使其看起来更完整，更接近商业水准，渲染出来的产品一定要像个真实的产品，目的是让客户能感觉到它的真实存在。

渲染有三个要素：配色（表现产品色彩、光影的层次）、材质（表现产品的质感）、工艺（表现产品的细节）。在渲染的过程中，设计师需要不厌其烦地调整和反复尝试，以得到最佳渲染效果。

## （三）效果图处理

对效果图进行处理的目的是弥补渲染效果的不足。在渲染的过程中，产品的细节和渲染的三要素（色彩/光影、材质、工艺）不可能做到尽善尽美，因此，设计师需要用平面软件进行完善，如增添标志、优化肌理效果等。图3-17是澳门主题数字绘画作品《巷里·巷外》及其文创衍生品的效果图。

图3-17　澳门主题数字绘画作品《巷里·巷外》及其文创衍生品（作者：龚思颖）

## 四、作品打样

打样是使产品质量获得预定工艺设计效果的必要途径，也是检验制作水平是否达到实际效果的工艺措施。特别是一些精细的产品更要通过打样才能获得较好的产品质量，若不经过打样就盲目成批投资生产，极易产生质量问题，甚至可能造成重大经济损失。因此，严格执行工艺规程，认真进行打样预生产，通过打样修正工艺上的缺陷，对确保成批产品的质量具有十分重要的意义。

### （一）打样流程

在打样之前，设计师应与专业人员沟通，比如在纸类印刷方面的文创产品打样时，设计师就要确认印刷数量、纸张类型、纸张克数、印后工艺、周期等要求。作品打样应遵循如下流程：小样—大样—样本。

小样是设计师用来具体表现设计创意的便捷手段。它虽然省略了细节，但能表现出产品雏形。大样用于对设计创意进行深度评估，而样本则1∶1地反映了成品效果。图3-18展示的是佛山三水区主题文创水杯——"三江汇流"杯的样品。

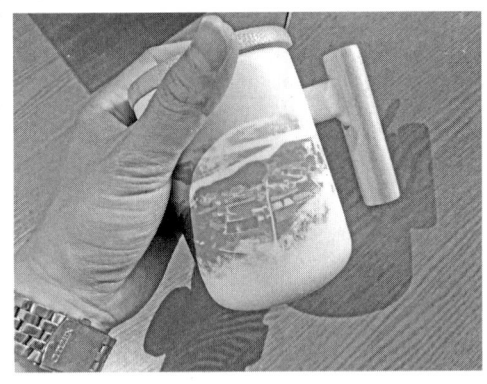

图3-18 "三江汇流"杯的样品（作者：龚思颖）

### （二）质量要求

打样的目的在于使成批的产品能够较真实地再现原稿。打样质量直接影响成批产品质量的稳定性。打样是产品忠实再现原稿必不可少的工艺技术措施，厂商通过打样才能制定出更科学合理的生产工艺措施，为确保成批产品质量的稳定打下良好基础。因此，认真把好打样工艺技术关和操作技术关，不但可较好地防止生产过程中出现质量问题，而且可有效地提高产品质量。

## 五、模型制作

模型是表达设计创意的一种形式。文创产品在正式投产时需要的开模费用一般较高，且具有一定的风险性，因此，在多数情况下厂家会先制作模型，待模型通过评估后再开模生产。

### （一）模型的作用

模型是设计师表达设计想法的手段之一，设计师可以通过模型推敲产品的细节、完善方案以及评价产品的综合效果等。在方案评估环节,模型展示通常是比较直观有效的形式,也是开发新产品不可或缺的环节。总体来说,模型在文创产品设计中主要有以下作用。

第一,完善设计。设计师通过模型对产品的形状、结构、尺寸等多维度进行综合评价分析,发现设计中所存在的不足,从而完善产品设计。第二,方案展示、交流探讨。通过模型展示设计创意,是一种较好的设计表现与沟通方法,为设计师在与设计委托方的沟通过程中带来便利。第三,降低验证成果的成本。在产品研发过程中,模具的开发成本高昂,如果前期不进行反复推敲,一旦产品出现问题,将耗费较大的成本。设计师利用模型能够以低成本去评估验证设计,从而不断完善产品。

（二）常见模型的分类

文创产品模型按功能可分为草模和展示模型。草模是初步简易的模型,也称为粗模。这种模型体现了设计师在设计初期的设想,是一种非正式的模型。草模和概念草图一样,是设计师对造型感觉的整体感知和最初思考方向,它是设计师表达概念与想法的最简单的探索方式,一般以纸、石膏、滴胶、黏土等为首选。展示模型是展示设计效果的模型,也叫表现性模型,一般需要表达出产品的真实形态,展现设计师的设计意图。这类模型通常模拟真实材料的质感和效果来完成,仿真效果较好,因而常被用作设计展示交流和设计效果验证评估。

文创产品模型按照制作材料的不同,又可以分为纸模型、石膏模型、泥模型、木材模型、综合材料模型等,具体见表3-3。

表3-3 文创产品模型类型

| 类型 | 特点 |
| --- | --- |
| 纸模型 | 纸质材料具有较强的可塑性,可用折、叠、刻等多种方式进行加工。同时,纸质材料的种类也比较多,如瓦楞纸、铜版纸、白卡纸等不同厚度和肌理的纸张。 |
| 石膏模型 | 石膏材料成本低、质地较为细腻,且具有一定的强度,有良好的成型性能。石膏的另一个特点是可以进行细节雕刻,并能够长期存留。石膏模型的常见成型方法有雕刻、旋转和翻制等,具体成型方法应根据所需做的模型形态而定。 |
| 泥模型 | 泥材料根据其组成分为水性黏土和油性黏土,采用水性黏土制作的模型称为黏土模型,而采用油性黏土制作的模型称为油泥模型。泥料具有可塑性、富有弹性、表面柔韧等特点,可以把手看成塑造的工具对泥土形状进行改变,也可以通过堆积等方法塑造形体。 |

续表

| 类型 | 特点 |
|---|---|
| 木材模型 | 木材质量轻、色泽和纹路自然,易于加工成形和涂饰。通过刨、切等各种方式加工木材,可以得到木材的质感和美感,较珍贵的木材可用于做首饰等产品。 |
| 综合材料模型 | 综合材料模型指根据产品的造型以及材质的特性选择合适的材料,将多种材质的塑形特点进行结合,避免使用材料的局限性。如3D打印模型,其常用材料包括尼龙玻纤、耐用性尼龙、石膏、铝、钛合金、不锈钢、镀银、镀金、橡胶等。 |

3D打印技术的横空出世为人们的生活及工作带来很多的便利条件,同时也提升了设计师对产品创造的实现能力。3D打印设备是利用光固化和纸层叠加等技术的快速成型装置。它与普通打印工作原理基本相同,打印机内装有液体或粉末等"打印材料",与电脑连接后,通过电脑控制把"打印材料"一层层叠加起来,最终把计算机上的蓝图变成实物(图3-19)。这种快速出模的技术,其特点是不需要机械的额外加工或模具,就可以直接生成较复杂的形体,可以缩短产品的制造周期,从而降低生产成本。

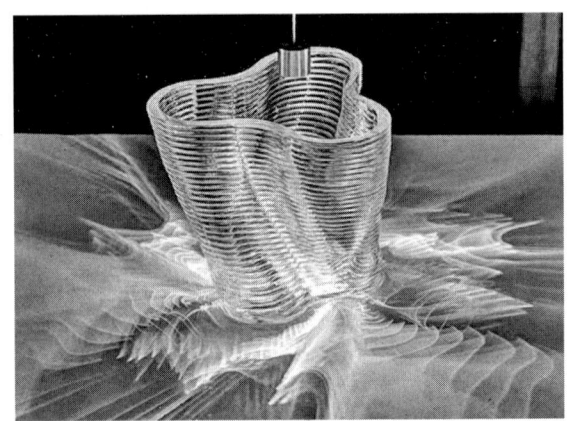

图3-19　3D打印的产品

3D打印技术的核心在于可以满足高难度、复杂、个性化的设计需求,使得设计师可以将更多的精力放在设计上,而不需要花很多精力和时间去迁就制作方式,因此,3D打印是对传统建模方式的一种补充和升级。在个性化的产品制造上,3D设计和3D打印几乎可以无缝对接在一起,典型的"所见即所得"。3D打印技术以其独特的外形塑造能力,具有文创领域应用的先天优势。

## 第六节　文化创意产品的设计思维

在了解了文创设计的前期市场调研、消费者分析、定位以及如何打样后，这一节从设计思维的角度来分析文创产品的消费迭代。对于设计思维的定义，国内外学者有着不同的见解。一般认为，设计思维是一个过程，即能够使用现有材料与技术，从定义问题开始，逐步掌握创意构思、原型迭代、测试等方法和技能来形成创新设计。美国的创新设计咨询公司IDEO将设计思维定义为一种规则，即能用设计者的方法在技术和商业方面满足顾客需求与市场价值。该公司认为，设计思维是实现创新的新方法和新途径。陈鹏等学者归纳了思维模式的特征：发散与聚敛组合、分析与综合的交互补充、以人为本的思维理念、可视化、迭代化。尽管学者们对设计思维的定义不同，但我们可以从中发现一些共识：创新、以人为本、迭代性。

文创产品的设计与设计思维密切相关，其中，比较经典的设计思维模型是斯坦福设计学院的EDIPT模型，主要包括以下五个阶段。

共情（empathse）：通过换位思考——站在用户角度深度感知，确保产品符合用户需求，这是设计思维最重要的一个特征。

定义（define）：将共情阶段所感知的混乱、无序的信息进行整合，使其形成具有可操作性的问题。

构想（ideate）：此阶段是一个集思广益的过程，针对上一阶段形成的可操作性问题尽可能多地提出想法和创意。

原型（prototype）：这一阶段是将想法转变成实体的过程，利用已有工具和材料将方案经过创建、测试，不断地迭代修改，直至产品的用户体验达到最佳。

测试（test）：这一阶段是在模拟环境中对产品进行测试，来验证问题是否解决的过程。由于设计思维是一个迭代循环的过程，因此，这一阶段虽然为最后阶段，但并不意味着设计思维的结束，是在最佳产品生成之前设计师需要不断修改。

EDIPT模型比较全面地涵盖了文创产品设计整个项目的完成过程，它具有非线性本质，如图3-20所示。

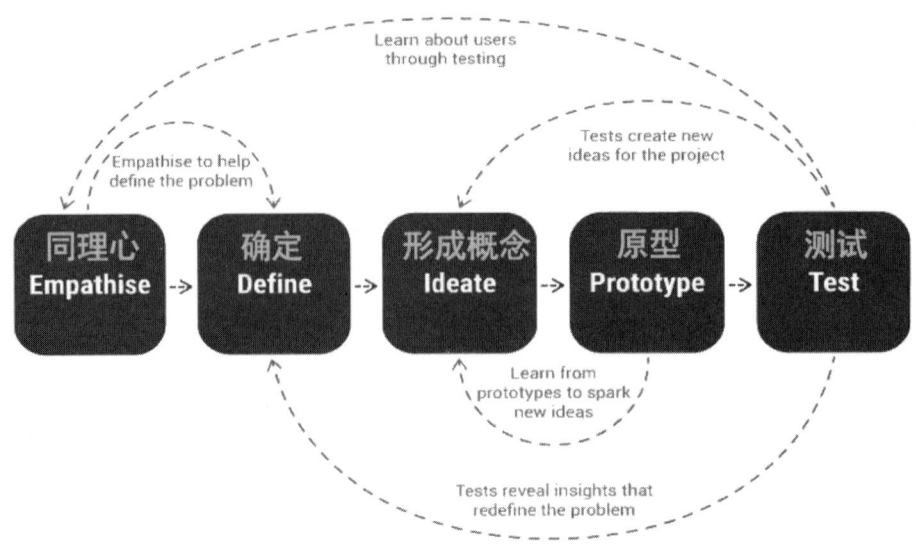

图3-20 EDIPT模型的非线性本质

设计思维强调从用户的角度出发，设计师通过深入理解用户需求和情境，提供创新和有意义的解决方案，也就是说，设计师要以用户为中心，关注用户的需求、情感和体验。设计师在深入了解目标用户的文化背景、审美偏好、情感需求和价值观的基础上创造具有吸引力和共鸣力的产品。例如，苏州博物馆推出的文创产品"水仙清供香氛晶石摆件"受到了广大游客的欢迎，其灵感来源于明代文人美学书籍《长物志》，"贵介风流，雅人深致"，予古籍以新式的表达。这一产品来源于创作者对"清供"的前期研究和深入了解，汪曾祺写道："'岁朝清供'是中国画家爱画的画题。"以景入画，是文人意趣的具象化，也是对新年的愿景和祝福。现在我国的很多地区还保留着春节前养水仙花的习俗，等到春节期间正好开花，一盆水仙置于温暖的室内，满室幽香。《长物志》中呈现的美学理念，一直以来影响着苏博文创的设计风格。"长物"本意指身外多余之物，对于古代文人雅士来说，于内，寄托其审美情趣、审美理想及品格意志；于外，则借以展其韵、才和情。经过逾半年的努力，苏州博物馆的文创设计师终于将《长物志》中的文字，通过设计做出可以触摸、欣赏、把玩的实物——"水仙清供香氛晶石摆件"（图3-21）。摆件分为一花、一盆、一石，需要自行简单组装。通过装石、插花，结合古籍、经折装、尺素等古典形制，产品增添文雅之气。

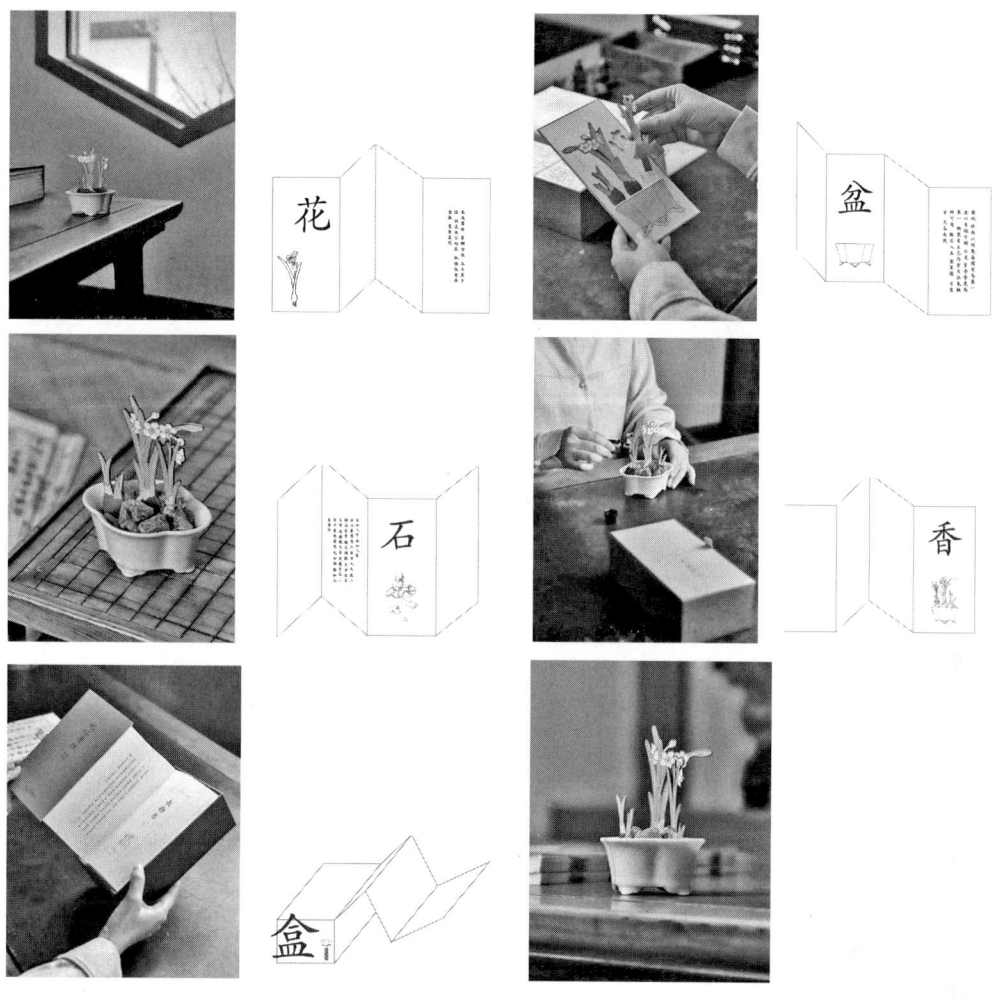

图3-21 水仙清供香氛晶石摆件

苏州博物馆的这款文创产品深入洞察了《长物志》里明代江南地区的百姓生活,"富足之外,文人亦有余力,得以琢磨生活的细枝末节,引为风尚"这样一种对艺术生活的追求,正好契合了当今去博物馆参观的消费群体的消费观。这是设计师在设计文创产品时通过观察、研究和用户反馈等方式,深入洞察用户的真实需求和期望后创作出的优秀作品。

在设计思维的视角下,文创产品设计的迭代与再设计是一个持续不断的过程,旨在不断改进和优化产品的功能、形式和用户体验。文创产品的迭代与再设计如图3-22所示。

文创产品设计的第一个阶段是观察与理解阶段,设计师通过观察和研究目标用户的

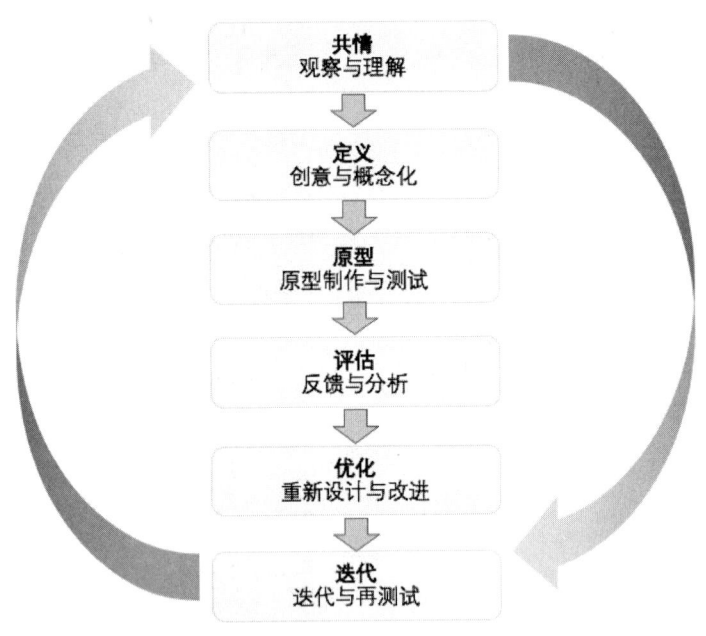

图 3-22 文创产品的迭代与再设计（制图：乔国玲）

需求、行为和偏好，以及相关的文化背景和趋势，深入理解用户的真实需求和期望。第二个阶段是创意与概念化阶段，设计师基于对用户需求的理解，进行创意思考和概念化，提出多样化的设计方案，并评估其可行性和创新性。第三个阶段是原型制作与测试阶段，设计师选择最有潜力的设计方案，制作初步原型，并进行用户测试和反馈收集。通过快速迭代和反复测试，设计师不断改进产品功能和优化产品的用户体验。第四个阶段是反馈与分析阶段，设计师根据用户测试和反馈结果，分析数据并提取关键洞察，了解用户的反应和需求。设计师将这些反馈纳入设计过程中，以便进行进一步的优化和改进。第五个阶段是重新设计与改进阶段，设计师基于用户反馈和分析结果，对产品进行重新设计和改进。设计师可能需要调整功能、界面、材料、色彩等方面，以提高产品的实用性、美观性和用户满意度。第六个阶段是迭代与再测试阶段，设计师验证设计原型，并改进方案。测试阶段的最佳方式是对用户进行测试，然后将测试的结果反馈到产品的下一个迭代版本中，因此，测试阶段的核心价值是迭代精神。图 3-23 中的中国国家博物馆的文创产品就是设计师从粉彩杏林春燕纹瓶提取了素材后，经过重新设计和改进后，制作新的原型，并再次进行测试和评估。设计师根据测试结果进行迭代，直到达到预期的产品效果和用户满意度。在整个设计过程中，这六个阶段是相辅相成，循环往复的。

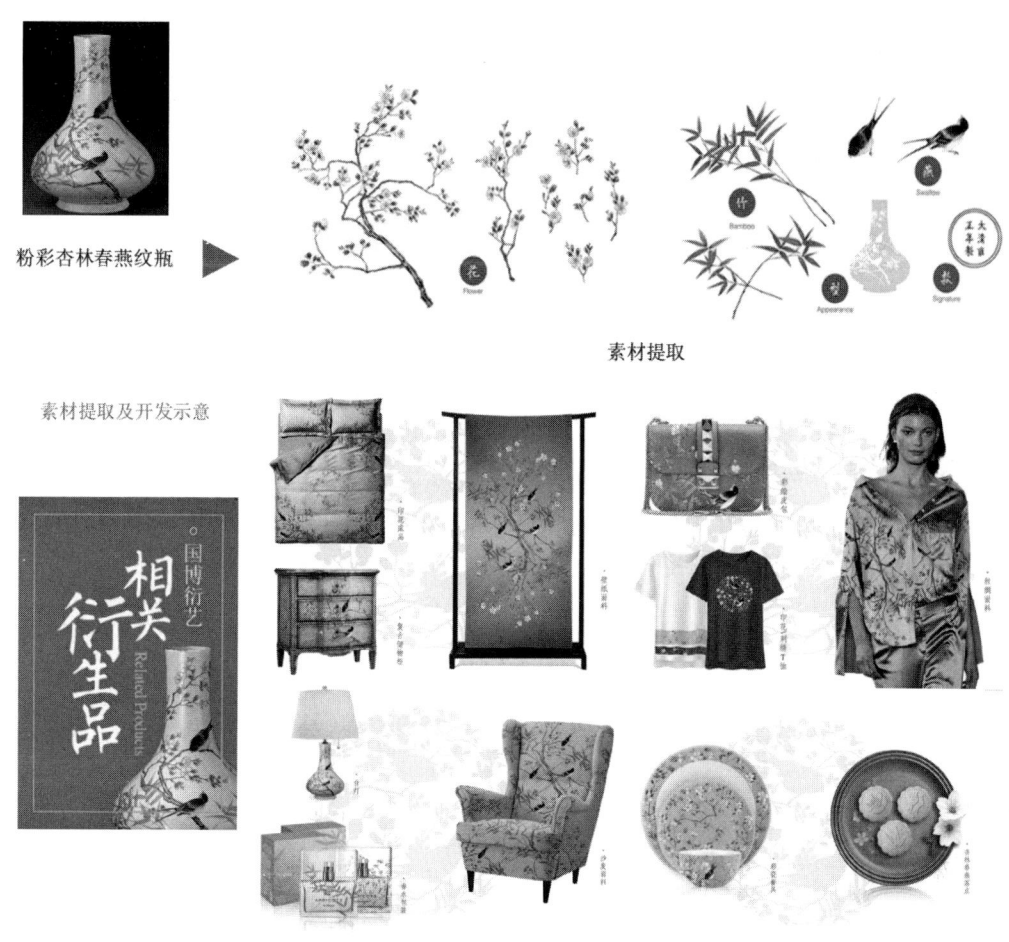

图3-23 元素提取迭代设计

设计思维强调用户的参与和反馈，注重从用户的角度出发，不断迭代和改进产品。2023年Chat GPT出现后，加速了这个循环的过程，设计师已经可以通过各种提示词来迭代，不断优化产品设计使其更好地满足用户需求，并创造出更具创意和独特性的文创产品。

作业：

1.以当地博物馆的文创产品为例，做相应的市场调研，并制作消费者画像。

2.到当地文化创意公司或生产企业了解开发文创产品的过程。

**延伸阅读：**

故宫IP营销方案（13份）[EB/OL].（2020-09-23）[2024-03-25].https://zhuanlan.zhihu.com/p/258394248.

**参考文献：**

1.TYNE S V.设计思维简史[EB/OL].（2017-03-22）[2024-03-05].https://www.sohu.com/a/129823386_655208.

2.苏博文创·新春特呈|一盏水仙，供岁朝乐事[EB/OL].（2023-01-20）[2024-03-05].https://mp.weixin.qq.com/s/vYfKKHI0bnH9FyoQW0wUGg.

3.张婉玉,刘卓.基于设计思维模型与层次完形的文创产品设计研究[J].包装工程,2017(12):124-129.

# 第四章
# 文化创意产品的设计方法

> **本章要点**
>
> 了解文创产品的设计方法，掌握如何提取文创产品的文化元素和符号。

## 第一节　文化元素与符号的提取

文创产品以文化为核心，突出对文化进行深加工，并通过创意与现代人的生活方式相吻合，从而满足人们高层次的消费需求，使消费者可以得到产品实用功能外的精神享受。我国具有非常丰富的文化资源，粤港澳大湾区的岭南文化底蕴深厚。因此，文创产品的设计要考虑对文化元素与符号的提取。

例如，由甘肃省博物馆收藏的文物"马踏飞燕"所开发的毛绒玩偶的"出圈"，就值得文创设计者参考。

这个出圈的玩偶的原型来头不小，它就是铜奔马（图4-1）。铜奔马造型奇特，矫健优美，如在空中飞驰，一足超掠飞鸟，表现了中国古代艺术工匠丰富的想象力和高超的铸造工艺，因为马单足超掠飞鸟的定格造型，也被称为"马踏飞燕"。1983年它被国家旅游局定为中国旅游标志，2002年国家文物局将其列入禁止出国（境）展览的文物。

披着"清凉色号"，露着白白的牙齿憨笑，踏着一只"愤怒的小鸟"的"绿马"毛绒玩偶一出来"整活儿"，就受到了许多人的欢迎，如图4-2所示。"铜奔马"毛绒玩具在2020

年6月上架后,迅速冲上人气收藏榜和销量榜冠军位置。

甘肃省博物馆文创中心在设计时抓住"铜奔马"正面自带喜感的特点,在尊重文物原型特点的基础上,还设计出一款3D马头造型的铜奔马文创衍生产品——"绿马头套",并创意编排了"神马舞"视频,同步在各大媒体展示。该系列产品受到了一大批年轻观众的喜爱。

甘肃省博物馆还推出"绿马出行"文创口罩,以"绿马保驾,健康出行"的美好祝福为宣传口号,引起观众广泛关注和热捧,如图4-3所示。甘肃省博物馆对铜奔马等多件文物的文化元素和符号进行提取,使之通过文化创意多次走红,为公众走近文物、触摸历史打开了新窗口。

图4-1 甘肃省博物馆馆藏的文物铜奔马

第四章 文化创意产品的设计方法

图4-2 甘肃省博物馆根据"马踏飞燕"开发的玩偶

图4-3 "绿马出行"文创口罩

## 第二节 设计载体的选择与设定

在进行文创产品设计时，设计师有了设计思路后，还要将想法落实，这就需要设计师确定文创产品载体的选择与设定。这是文创产品设计的重要方面，是颜色、材料、表面处理（或称工艺）的概括（color-material-finishing，缩写CMF）。CMF设计专注于设计、搭配和指定颜色、材料和装饰,以支持产品的功能和情感属性,简单来说,就是产品表现形式设计。CMF设计概念图如图4-4所示。它是一个与产品的物理设计和技术设计并行的整体设计过程。在文创产品的设计中,CMF设计过程是其基本部分。确定最合适的材料和表面工艺,以确保最佳的产品性能,是CMF设计的核心。只有当视觉美感和功能性能达到完美平衡的时候,文创产品才能提供最佳的用户体验。

图4-4　CMF设计概念图（制图：乔国玲）

在通常情况下,一个产品的外观是激发人的购买冲动或好奇心的重要因素,这种直观的冲击是由CMF设计所赋予的,它触发了一种直接的情感联系。除了实用和直观的知识外,设计者在整个CMF设计过程中受到外部的影响,例如,社会文化和美学趋势、视觉设计语言、产品类别以及有影响力的消费者群体对早期产品的采用。

CMF作为文创产品设计当中的重要环节之一,包括色彩、材质及工艺三种主要元素。现在CMF已经演变成了设计界细分的行业,涉及美学、色彩学、工程学、材料学、心理学等学科,是多个学科、流行趋势、工艺技术、创新材料、审美观念相互融合的产物。

## 一、色彩

文创产品的色彩设计应基于色彩心理学原理,由宏观到微观,从整体到部分,设计者应多方面考虑,合理关联,以达到最佳视觉效果。在具体操作的时候,设计者要按照文创产品设计的前期规划,根据产品类型、使用场景及目标用户群,合理进行色彩设计,不仅要考虑色彩的功能性,也要考虑其审美效果,丰富色彩及其光影表现手法,力求达到最佳效果。

一般来说,文创产品的色彩设计应注重使用温馨、热情的色调,以及更加柔和的色调。柔和的色调可以带给人们平静的心情,加强消费者的体验感。在文创产品的色彩设计上,可以使用饱和度低的颜色,如淡黄、淡蓝、米色等,还有近些年很流行的莫兰迪色系,这些颜色有助于表现出产品的温馨感,营造出宁静的氛围。此外,也可以搭配一些特殊的鲜亮颜色,如荧光绿色、橙色等来提升产品的美观度,让产品更具吸引力。文创产品的色彩设计还应考虑色彩的文化元素,如中国传统文化中的黄色等色彩,以表达出产品的特色与历史内涵,赋予文创产品文化属性。故宫博物院的文创产品就参考和引用了很多中国传统文化中的色彩:天青、青绿、月白、秋香黄、明黄、朱砂……

在设计文创产品时,设计者要考虑的色彩关系有以下五种:

第一,高对比度的色调:使用高对比度色调可以更加突出产品特色、元素和细节,增强设计的可视性。

第二,低对比度的色调、柔和色调:适用于轻松、休闲的产品,可以营造出宁静的氛围。

第三,中性色调:比如白色、灰色、黑色以及金、银等,可以用于严肃的公务海报或正式场合的宣传物料,给人一种严肃、谨慎之感。

第四,亮眩色调:亮眩色调可以增强设计的识别度,用于体现活力的产品中,带给人们愉悦的心情。

第五,鲜明色调:鲜明色调能吸引人们的眼球,可以让作品更具视觉冲击力。

具体到色彩流行趋势,不同的颜色或颜色组合可以受到许多因素的影响,包括经济形势的变化。例如,近年来,黄金价格在市场上不断上涨,一波新的黄金消费潮流出现,这一现象既基于消费者对贵金属的保值心理,又体现了金色这种中间色良好的装饰功能。同样地,天然色素的流行,源自全球对环境保护的关注,以及对更本地化和可持续生产方法的支持,这推动着全新的色彩设计策略和营销活动。图4-5展示了某品牌对2023年的色彩流行趋势所做的色彩组合设计。这组设计传递了设计者的理念。

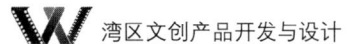

图4-5 某品牌根据2023年色彩流行趋势所做的色彩组合设计

美妙的设想：我们生活在一个新的二元世界，渴望治愈地球，与此同时，也渴望逃离地球的束缚。

为了追求更大的幸福和与自然共存,我们转向新颖的产品和材料,而这些产品和材料被期待让生活更为和平与整洁。通过设计,我们用形状、色彩和纹理来探索这个星球的怪异方面,而灵感又来自植物和水下世界。自然设计再也不是原始的代名词——它已经被输送到了未来。

让我们创造一个平衡:灵感源于自然的神秘与柔光之间。让我们通过植物色、矿物色和洁净中性色彩的开放性搭配,奠定色彩组合的基础,并产生舒缓效应。

**案例欣赏**

这个案例是澳门十月初五街的观光地图,色彩采用了满洲窗的色彩搭配,视觉上具有比较鲜明的岭南文化的特殊印迹,如图4-6所示。

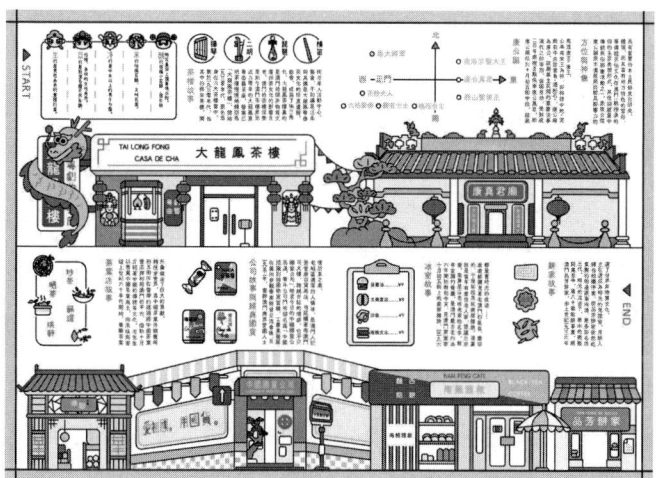

图4-6 澳门观光地图的色彩搭配(作者:孙畅;指导老师:龚思颖)

## 二、材质

材质也就是材料,泛指人类用于作为物品的原料,是一切自然物和人造物存在的基础。文创产品设计师应当熟悉各种材料的特征,并在设计中运用形式美的法则对材料加以应用,充分发挥不同材料特有的美学因素和艺术表现力,使材料各自的美感特征相互衬托,以求做到产品的形、色、质的完美统一。

在文创产品设计中,设计者对材料运用的判断主要是从不同的材料能给人带来的不同的情感体验和生活场景应用出发。基于此,本书将产品设计中较为常见的材料进行分类,让大家可以更好地了解和认识不同材质的特性。表4-1是按照物质结构对材料进行的分类情况。

表 4-1 按照物质结构对材料进行分类

| 分类标准 | 种类 |
| --- | --- |
| 有机 | 木材、皮革、塑料、橡胶等 |
| 无机 | 石材、陶瓷、玻璃、石膏等 |
| 金属材料 | 黑色金属(铸铁、碳钢、合金钢等)、有色金属(铜、铝及合金等) |
| 复合材料 | 玻璃钢、碳纤维复合材料等 |

此外,也有按照我们进行再加工后材料本身的形态进行的分类,比如线状材料、条状材料、板状材料和块状材料等。在进行文创产品设计时,我们对设计材料的选择应遵循以下原则。

第一,材料的外观:材料的感觉特性。根据文创产品的造型特点、民族风格、时代特征及区域特征,选择不同质感、不同风格的材料。第二,材料的固有特性:它能够满足文创产品功能、使用环境、作业条件和环境保护的需要。第三,材料的工艺性:材料应具有良好的工艺性能,符合文创产品造型设计中成型工艺、加工工艺和表面处理的要求,应与加工设备及生产技术相适应。比如,金属的成型方法可分为铸造、塑型加工、切削加工、焊接与粉末冶金五类,在生产相关金属材质的文创产品时设计者就要根据外观需求对材料加工方式进行选择。第四,材料的生产成本及环境因素:在满足设计要求的基础上,尽量降低成本,优先选用资源丰富、价格低廉、有利于生态环境保护的材料。第五,材料的创新:新材料的出现为文创产品设计提供了更广阔的前景,以满足产品设计的要求。在文创产品设计中,通过创新材料本身的物理化学特性对产品设计呈现的美感和其自身功能性能产生巨大影响，不同材料的运用决定了产品结构与制造方式的不同。

**案例欣赏**

白沙茅龙笔制作技艺是江门市地方传统技艺，国家级非物质文化遗产之一。白沙茅龙笔起源于明代，为中国古代理学家、诗人、书法家陈白沙（陈献章）所始创，至今已有500多年历史，它以圭峰山特产的茅草为主要材料。白沙茅龙笔的制作过程包括选材、浸泡、锤砸、刮削、捆绑、装饰等多道工序。白沙茅龙笔成品、制作原料及部分制作工具如图4-7所示。白沙茅龙笔经久耐用，书写刚劲有力，飞白流利，气势豪放，用此笔进行创作，创作者也容易形成独特的风格，如图4-8所示。白沙茅龙笔作为江门市独特的文创产品，因为制作毛笔的材料与传统的毛笔不同，所以形成了其他书法难有的"飞白"，也是白沙茅龙笔最主要的特色。

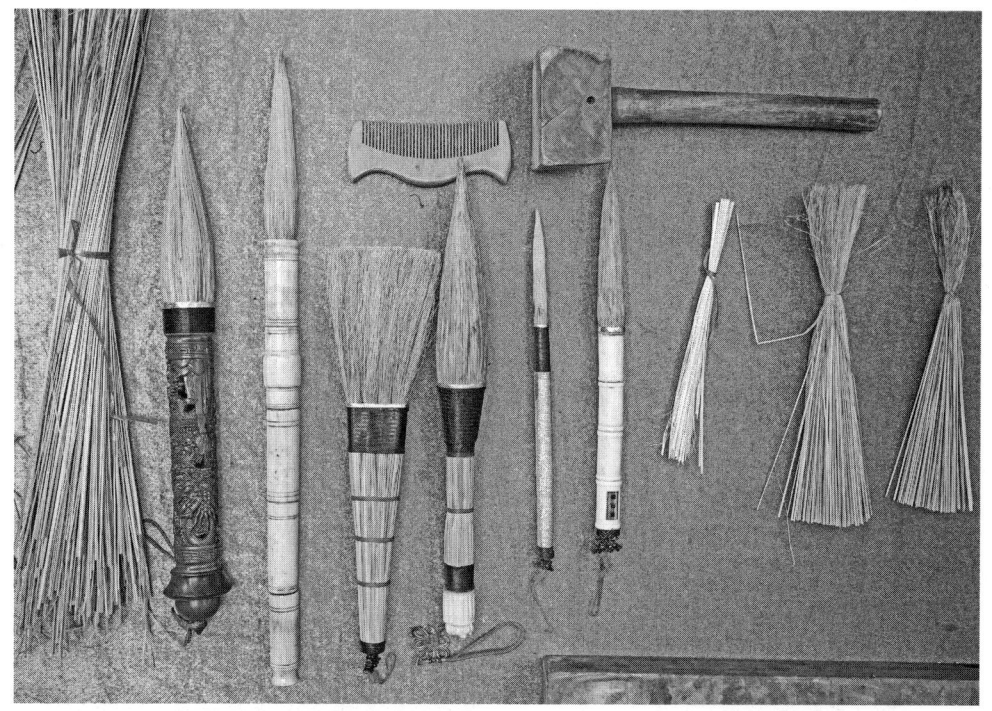

图4-7　白沙茅龙笔成品、制作原料及部分制作工具[①]

---

[①] 邓瑞璇，邓华.听非遗讲故事 | 白沙茅龙笔：用草做的"毛"笔，你见过吗？[EB/OL].(2021-04-21)[2024-03-25]https://www.thecover.cn/news/7296518.

图4-8 用白沙茅龙笔进行绘画创作

提起木质材料,许多人很容易想到纯朴自然的特点。比起钢铁等材料,木质材料更能给人带来温暖的感觉,因此,即使科技发展日新月异,各种新材料层出不穷,不少设计师还是喜欢用木材来打造产品,比如图4-9的这两款小收音机就用了木材作为外壳。

图4-9 木质外壳收音机

## 三、工艺

文创产品设计中的工艺设计是指根据产品的特点和需求,采用适当的制作工艺和表面处理方法,以提升产品的美观度和质感,提高产品的吸引力和竞争力。工艺亦是表面处理的方法,一般是指由材料的加工工艺处理所带来的触感、光泽、肌理上的变化。最终目标是在材料层面基础之上创造新的可能性,以满足人们对文创产品美感的追求。以布料和皮革来说,不同纹理的变化和层次,都会产生不一样的视觉效果。因此,想要更好地研究文创产品的CMF,需要对工艺处理有很精准的把握和理解。那么表面处理工艺在文创产品上应该如何合理应用呢?以下是一些相关的方法和技巧。

选择材料和表面处理方法:根据产品的特点和需求,选择适合的材料和表面处理方法。例如,木质材料可以选用磨砂、抛光、染色等处理方法,金属材料可以选用拉丝、镀金、喷涂等处理方法。

雕刻和切割工艺:雕刻和切割工艺可以制作出各种形状和图案,增强产品的美观度和质感。例如,利用激光雕刻工艺,设计者可以制作出高精度的图案和文字;利用切割工艺,设计者可以制作出各种形状的镂空处理。

绘画工艺:利用绘画工艺,设计者可以在产品上绘制出各种图案和纹理,增强产品的美观度和艺术感。例如,利用手绘,设计者可以呈现出独特的个性和风格;利用喷绘,设计者可以制作出大范围的渐变和纹理。例如,岭南的传统工艺珐琅彩,其文创产品的表面处理就需要手绘出主要的色彩,大面积的渐变则使用喷绘处理,如图4-10所示。

图4-10 珐琅彩文创产品

组装和构造工艺：利用组装和构造工艺，设计者可以将各种零件和组件组装在一起，制作出完整的文创产品。例如，利用机械组装，设计者可以制作出结构复杂的精密产品；利用手工组装，设计者可以赋予文创产品独特的个性和情感。

特殊效果和质感：特殊效果和质感可以增强产品的吸引力。例如，利用拉丝处理工艺，设计者可以制作出金属的质感；利用磨砂处理工艺，设计者可以制作出柔软的触感和防滑效果。图4-11展示了本书作者在广州中大布匹市场收藏的文创产品：手工布艺香囊，手工土布包裹的中药香囊，其表面的手工锁线做得非常精巧，也与手工土布的天然肌理相互辉映。

图4-11　手工布艺香囊

在文创产品设计的工艺设计中，设计者需要根据产品的特点和需求，选择适当的制作工艺和表面处理方法，其中，要注重工艺的可行性和成本效益。

总的来说，CMF虽然只是文创产品设计中的一个环节，但涉及的知识内容非常广泛和细致。设计者想要具备扎实的CMF基础知识和技能，既要积累一定的美学功底，熟悉各种加工工艺材料，又要对色彩保持高度敏锐性，能准确抓住色彩流行潮流趋势。

## 第三节　CMF设计方法与创建人物角色

### 一、CMF设计方法

#### （一）市场调研

在开始进行 CMF 设计之前，为了更加接近目标消费者，设计者要对市场进行调查和分析。竞争对手的分析和市场研究是一个复杂的过程，通常有市场调研和桌面研究两种方式，即通过分析大量调研数据进行市场预测和由具有专业背景的专家进行市场预测。该工作包括根据市场层次和目标消费者对现有和未来产品进行映射或定位。在大型组织中，这些信息通常可以通过消费者观察或市场分析部门获得。在规模较小的公司里，这个过程通常外包给外部公司来完成。

文创产品的市场调研过程可以通过不同的方法进行，包括设计民族特征分析、头脑风暴等，很多已有案例可以作为设计的依据。设计师在市场调研过程中将更多地关注定性的评估方法，而不是定量的评估方法。设计师可以通过市场观察、拍摄和购买类似的产品或潜在的竞争产品来展开市场调研。这个过程可以让我们了解到市场上流行的功能特性和审美趋势。有针对性的市场调研可以引入其他行业好的创意或者产品，设计师可以结合文创产品偏好和使用的相似性进行分析。设计师从已有文创产品的创新点上进行设计改进和创意开发，可以避免浪费时间。

### （二）趋势迭代

分析和研究文创产品的流行趋势，从定义它们是什么，到从文创产品不同的类别和影响对它们进行映射，从而得出不同结果，这是趋势迭代非常重要的过程，这个过程是持续发生并且不断变化的。在研究文创产品趋势时，设计师要理解该过程不是静态的，而是快速迭代的、不断变化的、融合和多样化的。如文创产品对技术、社会文化态度、市场需求的影响。在这种情况下，分析管理和平衡研究是趋势跟踪专业领域的重要工作。趋势跟踪过程是基于对市场环境中不同变化的持续观察、记录和分析的过程。由于这是一个与文创产品设计并行的过程，它允许我们回溯时间，以便发现演进的模式，从而帮助我们预测未来的消费场景，以及新兴消费者的需求。

在设计文创产品时，其颜色、材料和表面工艺方面所有的趋势都是很重要的信息。虽然一些品牌倾向于将颜色和材料与微观趋势联系在一起，但重要的是要理解大趋势对于我们设计的文创产品的影响。比如，对于手机外壳的设计，设计者更关注新兴技术如何使材料变得更薄、更轻、更强，从而推动产品呈现更透明、更分层、更柔和的色彩效果。

## 二、创建人物角色

创建人物角色是设计文创产品时采用的设计步骤之一,用于获取相关消费者的线索。角色是人的原型或代表,他们的生活、欲望、抱负和价值观,都基于真实的数据,而不是刻板印象或人物假设。基于真实的数据创建角色,能帮助我们避免对市场或消费者的刻板印象或误解。角色和情绪板的主要区别在于,角色主要关注生活方式、社会活动、环境以及文化影响;而情绪板的关键点是表达具体的美学线索来支持设计过程。在使用CMF设计时,设计者要同时创建人物角色和情绪板。创建文创产品的人物角色可以将我们的目标消费者的世界带到生活中,情绪板会直接将消费者与特定的视觉元素和功能元素联系在一起。

CMF设计的关键,是要创建文创产品正确的视觉效果、图像或对象需要定义的视觉设计语言,也包括风格和其他美学元素,如颜色、纹理、表面和材料,以支持某一个设计主题。这个时候通常很难找到合适的图片和相应的情绪,如果时间和预算允许的话,为CMF设计拍摄图像是一种很好的做法。在创建人物角色时,我们可以从以下三个方面入手。

第一,建立新颖的设计理念:以创新的设计理念来展现文创产品的功能性和趣味性,让消费者看到令其惊叹的新颖之处。

第二,丰富产品形态:通过合理运用色彩、构图、线条等手段,结合文化内涵,让文创产品的形态丰富多样,打破常规的日常用品的刻板感觉。

第三,强调功能性:文创产品的设计要结合实际情况,让消费者感受到产品的实用性与在生活中的创新使用,给消费者带来别样的惊喜,同时丰富产品的趣味性。

以下是本书作者假设的人物角色——一名笔架山文创产品的消费者,下文对其基本情况进行描绘。

**角色名称**:乔嘉嘉
**年龄**:28岁
**性别**:女性
**职业**:设计师
**兴趣爱好**:手工艺品,旅游,美食
**故事背景**:乔嘉嘉是一名设计师,她在一次旅行中偶然发现了文创产品——笔架山。

她被这款设计独特、环保且具有艺术性的产品所吸引。作为一位设计师,她深知创意源自生活,而笔架山的设计完全符合她的设计理念。因此,她决定购买这款产品,将在生活中使用。

**使用场景:**乔嘉嘉在使用笔架山时,感受到了它带来的诸多好处。首先,笔架山的独特设计使她的桌面更加整洁有序。以往,她的桌上总是堆满了各种文具,但现在文具可以整齐地收纳在笔架山中。其次,环保材料制成的笔架山也为她的办公环境增添了一份清新自然的气息。最后,笔架山的艺术性也为她的工作带来了灵感。在创作过程中,她时常从笔架山的独特设计中汲取灵感。同时,她也会将笔架山作为装饰品,与朋友们分享自己的爱好。

**个人特征:**乔嘉嘉是一个热爱生活、善于发现美好的人。她注重生活品质,追求个性化和独特性的产品。在购买文创产品时,她会优先考虑设计性、实用性和环保性。同时,她也是一个乐于分享的人,经常与朋友和同事分享自己的生活和工作经验。

**需求与期望:**乔嘉嘉希望笔架山的设计能够更符合她的个人品位,具有更多的收纳功能。同时,她也希望笔架山能够更加耐用,经得起时间的考验。此外,如果笔架山能够便于携带就更好了,那么她就可以轻松地将它带到不同的工作场所中使用。

图4-12为本书作者通过人工智能技术生成的人物角色,图4-13为笔架山产品实物。

图4-12　本书作者通过人工智能技术生成的人物角色

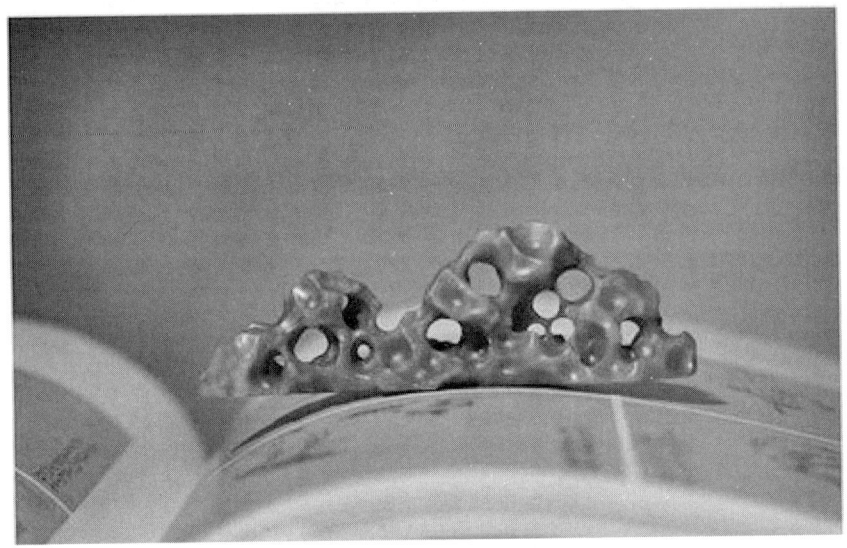

图4-13 笔架山产品实物

## 第四节 融入文化情境、创建情绪板、演绎故事性的文创设计

### 一、情感的上下文

CMF设计过程的表达主要是与人的记忆和情感联系的,也就是设计者通过文创产

品的CMF设计关联人们的记忆和情感,从而表达出产品的感知价值。通过感官体验传达积极的情绪可以提高产品的价值,至少80%的CMF设计关于它为消费者创造的价值。无论种族、社会地位、教育程度、性别,每一个人都在寻找渴望的对象来满足情感需求和无形的利益——地位、美丽和归属感等。通过CMF设计创造价值,设计者不仅考虑了实际制造过程的相关知识,还考虑了纯粹基于情感感知的文化联系,将普通的物品转化为符号的象征。我们周围的事物,除了那些服务于纯粹功能性目的的事物之外,也反映出我们是谁或我们渴望成为什么样的人。这些产品的附加值超出了简单的功能性,成为我们的身体体验和我们与世界的情感联系的反映。附加值可以是真实的,也可以是一种感知,人们以相同的价格来提升品牌竞争力,而不必使用昂贵的材料或技术。

## 二、创造情绪板

情绪板是一种设计工具,可以帮助设计师在创作过程中捕捉和表达情感。通过制作情绪板,设计师可以更好地了解产品的氛围和情感,从而更好地把握设计方向和目标。情绪板大致包括以下元素的可视化:消费者的目标/角色(包括爱好和愿望);产品将存在的环境(内部或外部);三个或更多的产品,这些产品已经是角色生活的一部分。情绪板的具体内容取决于所设计的产品类型,以及为了传达清楚信息所需要的信息量,信息通常更少、更精确。

### (一)情绪板的制作步骤

确定主题和目标受众:在制作情绪板之前,需要明确要设计的文创产品的主题和目标受众,以便更好地把握设计方向和目标。

收集素材:根据主题和目标受众,收集相关的图片、文字、色彩等素材。这些素材可以来自摄影师、艺术家、设计师等人的作品,也可以来自自然、建筑、家居等现实场景。

找素材:关键词联想完成之后,我们接下来去寻找相关的素材,一般可以在视觉中国、花瓣、站酷、堆糖等素材网站中进行寻找。将收集到的素材进行分类整理,如将图片分为自然、人物、建筑等类别,将文字分为品牌故事、产品特点等类别。

制作板子：将整理好的素材以图文并茂的形式呈现出来，制作成一张张小卡片或者海报，用便签纸贴在一个大板子上。这些板子可以按照不同的主题进行分类，如色彩、形状、纹理等。

表达情感：将情感以文字或图片的形式表达在板子上，例如"怀旧""清新""愉悦"等情感词语。这些情感可以帮助设计师更好地把握设计方向和目标。

添加元素：在板子上添加一些元素，如手绘、手写文字、贴纸等，以增加板子的趣味性和独特性。

呈现效果：将制作好的情绪板呈现出来，以便让其他设计师或客户更好地了解产品的氛围、情感和故事。

（二）情绪板的使用方法

情绪板不只是在文创产品设计领域运用比较多，在界面设计、品牌包装、徽标设计、书籍装帧、插画设计等方面也比较常见，那么如何去使用它呢？

例如，在智能电视产品设计中，品牌理念是年轻人的陪伴者，关键词是温暖、智能、多彩（图4-14）。下面根据这三个关键词并结合品牌理念寻找图片。

图4-14　品牌关键词

根据上面的关键词并结合设计理念，找到对应的设计语言的图形，设计者可以从材质、色彩、图形、字体、构图等维度去寻找图片（图4-15）。比如色彩，我们可以思考什么样的色彩符合年轻人的陪伴者这一理念，同时具有温暖、智能的特点。设计者也可以思考使用场景和时间段，因此，产品应该色彩丰富，饱和度偏低，减少过多的撞色，让色彩更贴近舒适自然生活，展现智能电视温馨的一面。

图4-15　品牌关键词对应的图片

色彩情绪板形成之后,我们在设计色彩方案时就从中提取出关键色彩,配合主品牌色使用。

再来看下设计中的结构提取,这里可以集合目前互联网一些主流趋势来设计情绪板。构图形式我们一般可以参考目前一些主流的排版布局思路。有了前面的一些情绪板提示,下面就开始提取各个关键元素开始进行设计风格发散,如图4-16所示。

图4-16　设计风格发散(制图:乔国玲)

根据关键词并结合设计理念寻找色彩、质感、图形、构图、字体等相关图片,如果有空间和光影等元素的话可以加进去相关图片。

根据每个筛选出的关键词,设计师和公司内部初步选出3张左右的图片,并提供给目标用户,向目标用户咨询哪张图片能带给其相应的感受,深度挖掘为什么这张图会带给用户这样的感受。找到能给用户带来情绪感受的点,从这个方面来进行相应点、线、面的细节元素的提取,为下一步风格的形成做准备。提取元素的情绪板如图4-17所示。

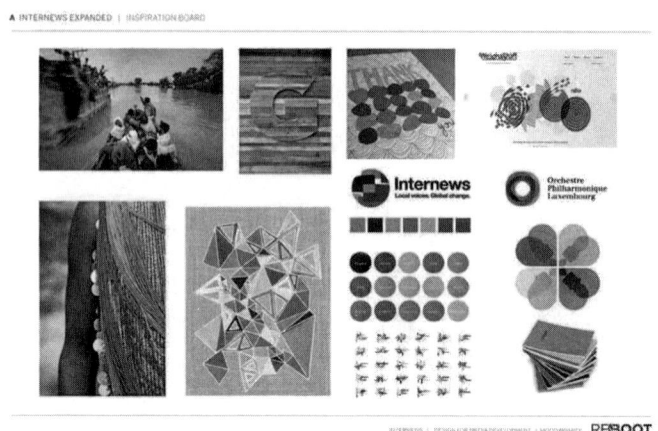

图4-17　提取元素的情绪板①

大家在寻找设计图片时候需要注意:选图必须干净、简约、有意境,在日常工作中可以提前做好素材储备,并且需要及时更新素材库,提高设计效率。

情绪板是一种概念上的帮助,旨在提供即时灵感,并与目标消费者建立情感联系。它也反映特定消费者的欲望和渴望,以及他们物质世界里的刺激和产品外观及感觉。情绪板并不需要完全真实的设定,它可以是一个投射或一种以不同的视觉线索表现出来的有情趣的生活方式,如图4-18所示。

图4-18　情绪板是一个很好的视觉沟通方式②

---

① 亚马逊拍摄设计.写给设计师的情绪板全方位使用指南[EB/OL].[2024-05-25].https://www.zcool.com.cn/article/ZNDYxMDI0.html.
② 在设计品牌标识时,使用情绪板[EB/OL].(2018-09-05)[2024-03-05].https://www.sohu.com/a/252071677_114819.

在通常情况下，在公司内部使用情绪板是一种无形的、有价值的表达方法，情绪板作为样式指南，为设计提供的创新方向。它可以是数字的（基于图像的）、物理的（基于对象的），也可以是数字和物理的组合。以下为可以参考的情绪板的设计，图4-19。

图4-19　情绪板[①]

## 三、讲故事

除了CMF设计之外，为每个文创项目创建和发展一个引人入胜的故事同样重要。通过关键的视觉元素和具体的信息讲故事，是一种极具吸引力并且十分有效的与消费者沟通的方式。如果它基于一个真实的事件、当下流行的行为或者市场趋势，那么这个故事就更有可能被认同。我们先构建一个故事（这个故事可以来源于文创产品设计的概念，也可以是一个框架），然后通过关联设计使文创产品更加具有吸引力。

故事力指的是构造和讲述故事的能力，也是一种通过讲故事解决问题的能力。讲故事本身就是一门完整的学科，CMF设计的关键是故事的主旨，除了与真实的市场事件相关之外，也可以从色彩、材料或技术的角度来引人入胜，使其有创意和独特性。比如，故宫文创的很多产品，其故事往往植根于关于故宫的很多故事和文物本身的特点，很多故宫文创产品的颜色就来自皇宫中神秘的、具有严格礼仪制度的各种颜色，消费者在购买时，

---

[①] 大厂都在用的情绪板，到底是什么？［EB/OL］.（2020-06-07）［2024-03-05］.https://www.uisdc.com/mood-board?utm_source=tuicool&utm_medium=referral.

会不自觉地被带入故事中去,这些故事具有很强的情感属性和创新性,同时也成为故宫文创营销信息的一部分。然而,并非所有的产品都适合讲故事,这完全取决于什么对品牌、产品和消费者有益。在某些情况下,关键的故事已经是品牌的一部分,因此必须转移到不同的设计元素中去考虑,例如,"顶戴花翎"官帽伞(图4-20)是故宫结合实用需求与美学设计的产品,可以说是叫好又叫座;台北故宫博物院的"朕知道了"胶带,会立即在我们的脑海中触发一组特定的皇帝叙事和图形元素。叙事性的文创产品可以更完整地串联文化与人的情感交流,增强文化的归属感并形成长时间深远的记忆,同时也确保了故宫文物历史背后的文化意义,使其文创兼具实用性、趣味性。

图4-20 "顶戴花翎"官帽伞

**作业:**

1.收集周边文创产品的CMF资料。

2.为自己设计的文创产品的未来消费者拟定人物角色和制作情绪板。

3.为自己设计的文创产品进行故事的讲述。

**延伸阅读:**

1.千锋设计学习营.情绪板确实是每个设计师必备技能[EB/OL].(2020-06-30)[2024-04-05].https://zhuanlan.zhihu.com/p/152236741.

2.广美教授张剑:设计是对生活最真诚的解释[EB/OL].(2023-07-27)[2024-03-25].https://www.sohu.com/a/706837680_121124036.

**参考文献:**

1.宋文雯.CMT,空间设计中的颜色、材质和纹理[J].设计,2020(19):85-88.

2.赵雯.工业设计中CMF设计流程和方法[J].科技经济市场,2018(9):1-2.

3.韩彪,陈聆希.基于SIVA理论下环保文创产品营销服务设计——以"绿马在手,乘风破浪"快闪活动为例[EB/OL].(2023-11-10)[2024-03-05].https://mp.weixin.qq.com/s/migAFK4CJ1PlV5wXQIuCZA.

4.邓瑞璇,邓华.听非遗讲故事|白沙茅龙笔:用草做的"毛"笔,你见过吗?[EB/OL].(2021-04-21)[2024-03-25].https://www.thecover.cn/news/7296518.

5.在设计品牌标识时,使用情绪板[EB/OL].(2018-09-05)[2024-03-05].https://www.sohu.com/a/252071677_114819.

6.大厂都在用的情绪板,到底是什么?[EB/OL].(2020-06-07)[2024-03-05].https://www.uisdc.com/mood-board?utm_source=tuicool&utm_medium=referral.

7.亚马逊拍摄设计.写给设计师的情绪板全方位使用指南[EB/OL].[2024-05-25].https://www.zcool.com.cn/article/ZNDYxMDI0.html.

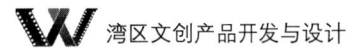

# 第五章
# 文化创意产品的设计实践

**本章要点**

了解文创产品设计的实践环节,对各种用途的文创产品进一步加深理解。

文创产品的设计开发要从"问题概念化"开始,同时也是将"概念形象化"的过程。由于文创产品的特殊性,当设计工作展开时,我们要对前期的成果进行综合的评估,包括对文创产品内涵转化的深度、造型的可行性、市场的把控、视觉符号的传达性等做出科学的评估,并进一步完善产品的设计开发。我们从以下几个方面对文创产品的设计实践进行说明。

## 第一节　旅游纪念文创产品

旅游纪念文创产品设计是指为旅游者提供具有地域文化特色和独特创意的纪念品设计服务,以帮助旅游者更好地体验和了解目的地文化。旅游纪念文创产品设计的主要目的是通过创意和设计,将旅游目的地的文化元素、特色风情、历史故事等融入纪念品中,使纪念品具有独特的魅力和收藏价值。旅游纪念文创产品包括手工艺品、玩具、装饰品、珠宝首饰等,不仅可以满足旅游者的购物需求,还能传递和延续旅游目的地的文化精神。

在旅游纪念文创产品设计时,设计师需要深入了解旅游目的地的文化特色和历史背景,注重传统元素和现代元素的融合,使纪念品既具有文化底蕴又符合现代审美。同时,设计师也需要考虑旅游者的需求和喜好,让纪念品更加实用、有创意和有吸引力。

　　旅游纪念文创产品设计可以帮助目的地提升旅游体验和服务水平,增强旅游者对目的地的认同感和归属感,也能为目的地创造经济效益和社会效益。因此,旅游纪念文创产品设计已成为旅游业发展中的重要一环。随着全球经济一体化的发展,旅游方面的衍生品需求越来越大。其中,博物馆产业及艺术衍生品产业的发展逐步壮大。艺术衍生品产业不仅在宣传藏品、提升参观者满意度上有显著的作用,还为博物馆带来了巨大的经济效益。例如,大英博物馆有藏品1 300多万件,丰富的藏品让大英博物馆的艺术衍生品产业蓬勃发展,艺术商店遍布大英博物馆,艺术衍生品更是多种多样,涉及生活的方方面面,单单罗塞塔石碑的衍生品就有数十种。纽约现代艺术博物馆(The Museum of Modern Art, MOMA),是世界上最重要的现当代美术博物馆之一,MOMA设计商店(MOMA design store)是纽约现代艺术博物馆的衍生商店。起初它只是一个博物馆内的小柜台,经过几十年的发展,一举成为世界上最具前瞻性的"设计商店"之一。MOMA设计商店的商品种类繁多,有奈良美智、草间弥生等艺术家的联名产品,有兼具观赏价值和实用价值的馆内收藏品复刻品,还有毕加索、安迪·沃霍尔等大师作品的衍生品。MOMA设计商店并不将这些文创产品完全当作商品,将其视为艺术的延伸。它拥有众多展品的博物馆衍生周边,将独特的艺术作品刻印到马克杯、服饰、文具上,或者创作出新的主题产品。该设计商店不但是一间礼品商店,而且是一个设计性与艺术性兼具的品牌,贯彻着将艺术带进生活、让艺术融入生活的理念。该设计商店推广销售"买得起的艺术"的理念,满足了更多人提升生活品质的需求,吸引了对艺术有兴趣但资金实力不够,或者纯粹出于装饰需求的消费者。

　　例如,MOMA设计商店的蒙德里安简约三维花瓶,是将抽象风格与实用的家居艺术融合的典范。花瓶只依靠颜色和线条便分隔开内部的不同区域,外观简单大气,没有繁杂细节,可任意摆放,体现插画花瓶的实用性,如图5-1所示。另外,还有结合蒙德里安抽象画作的钟表,有机地把画作与钟表的实用性结合起来,成为典型的"买得起的艺术",如图5-2所示。

　　博物馆作为一个国家、一个城市(地区)或一个行业的文化标志,是人们情感记忆的归属。人们在空闲时间越来越喜爱参观博物馆,对博物馆文化服务的需求逐渐延伸至娱乐性、功能性与审美性。博物馆文创设计由此展开,为博物馆的推广与创收提供新的能量。佛山东鹏明善陶瓷博物馆专门设立文创企业,创造多个热门IP,文创企业成立半年营收就达到500万元;九江双蒸博物馆研发的花生、腊肉等创意产品,年销售额达2 000万元,如图5-3所示。

图5-1 蒙德里安简约三维花瓶

图5-2 蒙德里安画作(右)及其衍生钟表(左)

图5-3　九江双蒸博物馆的文创产品

如今，在这股博物馆文创的风潮下，文物不再束之高阁，也不仅是书本上尘封的记忆，它们以更鲜活的姿态走进更多人的日常生活，"吸睛"又"吸金"。作为文化传播的重要载体，文创产品已经成为全球文化市场的新宠。

## 第二节　娱乐（影视）艺术衍生品

影视衍生品产业是近些年出现的新业态，是伴随着我国电影产业高速发展的一个新兴经济领域。总体来看，越来越多的影视企业开始重视衍生品的开发、运营，互联网企业与品牌商也加盟影视衍生品的授权、设计、研发、生产、销售各个环节，更有金融企业涉足融资，搭建了具有市场经济特色的服务平台和运营体系，企业间形成分工与协作，行业逐渐成熟化。近年来，大湾区许多影视公司也纷纷加入对影视衍生品的开发设计行列，不少衍生品获得了良好的市场反响。影视衍生品的亮眼数字成为中国衍生品市场的一个重要体现，一步步助推着影视产业发展。许多业内人士认为，衍生品即将成为未来电影产业发展的强力助推器。

### 一、加强影视产业的上下游联动

影视产业亟须改变发展模式，进行衍生品开发，以外延扩张和内涵增长的模式，实现影视市场化消费升级。影视产业要用衍生品来构建文化传播的载体，激发文化创意的想象力，用灵动的意象为文化生活带去人性与温度。

2021年优酷推出《乡村爱情》衍生品——《乡村爱情》系列盲盒（图5-4）。该系列盲盒包含4款常规款和1款隐藏款，以剧中人物为开发设计灵感，共集结剧中5位人气角色：谢大脚、谢广坤、刘能、赵四、宋晓峰。这5个俏皮可爱的盲盒形象和剧中真实形象形成反差萌，一经推出便受到网友热捧，该盲盒又反过来推动电视剧的网上点播。

图5-4 《乡村爱情》系列盲盒

## 二、企业越来越重视衍生品的开发

事实上，国外的影视市场很早就热衷于打造"超级IP"。日本的"精灵宝可梦""哆啦A梦"，美国的"漫威宇宙""迪士尼系列"……这些IP类型丰富，受众广泛，并且相关IP的衍生品开发通常成为影视产业链下游的主要盈利环节。以美国好莱坞电影的盈利收入为例，来自衍生品市场的销售收入占总收入的比重超过70%。但中国电影的盈利主要依靠票房和植入广告。

影视衍生品是从业者开拓市场增量的途径。据专家介绍，受《捉妖记》《大鱼海棠》

《择天记》《三生三世十里桃花》等一系列影视作品衍生品成功案例的刺激，越来越多的企业开始重视衍生品在产业链当中的作用，并纷纷参与投资和开发。从电影、电视剧衍生品延伸开来，电视综艺、网络综艺、网络大电影等其他类别的影视作品也纷纷尝试衍生品的开发，以求在激烈的市场竞争中把握更多生存的机会。

超级动画IP"熊出没"是当前国内衍生品产业开发最好的品牌之一。"熊出没"自2012年1月登陆央视少儿频道以来，先后覆盖全国200多家电视台、网络平台。自2014年起，"熊出没"推出院线大电影，创造国漫动画大电影的新热潮。目前"熊出没"推出的大电影总票房几十亿元，这在国产动画系列电影中绝对是一个值得骄傲的数字，但"熊出没"的价值并不止于此。

负责"熊出没"衍生品（图5-5）全线开发的华强方特高层表示，早在2014年，熊出没衍生品的年产值就已经超20亿元。这个数字还在不断被刷新，2017年"熊出没"系列的授权产品全年总销售额已突破25亿元。那么，华强方特如何打造这头"年产值25亿元的熊"？华强方特高层表示："'熊出没'的衍生品现在有3 000多款，我们合作了超过200多个授权商。品类包括牛奶、零食、玩具、文具、服装、箱包、洗护用品、游戏、图书等。"这些品种繁多的授权衍生品覆盖了衣、食、住、行各个方面，"近年来还增加了一些新的儿童医药品类，比如雾化器、创可贴等"。可以说，全品类、大范围地铺排授权，是"熊出没"衍生品开发的一种重要手段，也是获得超高年产值的基础。"熊出没"的独特性在于其类产业链化的打造方式，在国内市场不够完备的情况下，"熊出没"团队用产品化思维将这一IP做成了长线品牌。

图5-5 "熊出没"衍生品[①]

## 三、完善衍生品市场的全产业链布局

图书、音像、游戏、主题公园、玩具、服饰、日用品……影视衍生品的覆盖面宽广，可以不断推陈出新，助力IP长线发展。对于当下尚处于发展初期的国内影视衍生品市场来说，版权保护意识不强、运营经验缺乏、产业上下游脱钩等问题，已被业界注

---

① 2018国际熊再出发丨香港国际授权展，俺们来啦[EB/OL].(2018-01-09)[2024-03-05].https://www.sohu.com/a/215588143_668847.

意到。

由珠江电影集团、广东粤剧院、佛山文投出品的粤剧电影《白蛇传·情》可以说是传统文化"两创"的一次成功探索。《白蛇传·情》曾获得第32届中国电影金鸡奖最佳戏曲片提名、第2届海南岛国际电影节金椰奖"最佳技术奖"、第7届中国电影电视技术学会先进影像作品奖高技术格式影像类优秀剧情长片奖、第4届加拿大金枫叶国际电影节最佳戏曲歌舞影片等多项荣誉。影片上映后好评如潮,不到20天即刷新了中国电影史上戏曲类电影的票房纪录。

影片主创团队在推动国内票房再创新高、开发《白蛇传·情》IP衍生品的同时,有效推进东南亚、北美等海外地区宣发,努力打造一张促进文明交流互鉴的亮丽名片。戏已落幕但情犹在,中华老字号"第一福"特别联名广东粤剧院为观众送上文创福利:抽奖送粤剧特别联名"睇大戏"插画笔记本(图5-6)。这个笔记本,翻开一看很有心意,满满都是粤剧名场面的精美插画,粤剧演员曾小敏和文汝清领衔主演的《白蛇传·情》主题插画亦被收录其中,一幅幅细致传神的插画勾勒了一幕幕传奇唯美的粤剧画面。这些经典画面是戏迷珍爱不已的回忆,笔记本加上主演的亲笔签名后更具纪念意义。《白蛇传·情》电影和粤剧海报如图5-7所示。

反观2019年上映的动画电影《白蛇:缘起》的票房和口碑俱佳,但那个时候没有在电影上映时同步开启官方授权衍生品众筹。因此,《白蛇传·情》此次及时开启正版授权周边衍生品众筹活动,并以百万元收益获得颇多好评。业界人士称赞其"上映宣发—衍生品预热—荧屏上映—众筹热卖",环环相扣,节奏紧密,并认为其较好地完成了IP形象的产品化诠释。《白蛇2:青蛇劫起》则抓住了产业链融合的机会:"以时下热门的盲盒和可动手办为形态切入,融入了惊喜元素,促成IP与玩家交互,放大了粉丝情感价值属性。"电影IP持久性、精细化以及跨区域开发正是当下中国电影亟须解决的问题。国内电影衍生品应不断开拓分众市场,寻求更加多元的盈利模式,完善衍生品市场的全产业链布局,进而推进国产影视行业健康发展。

图5-6 《白蛇传·情》联名"第一福"推出的"睇大戏"插画笔记本

图5-7 《白蛇传·情》电影(左)和粤剧(右)海报

### 四、未来发展的蓝海

随着影视娱乐文化产业的不断发展,衍生品市场成了一个充满无限潜力的蓝海。《雄狮少年》这部备受欢迎的作品，不仅在影视领域取得了巨大成功，也为衍生品创作提供了丰富的素材和创意。《雄狮少年》这部电影的故事内容主线相对来说比较简单，主要讲述了在广东某个小镇的三个少年，阿娟、阿猫、阿狗希望参加舞狮比赛，经过寻找师傅、师傅培训、参加初赛、去广州参加复赛，最终夺冠的故事。《雄狮少年》取得了良好的口碑和票房成绩，票房破2亿元，豆瓣评分高达8.3，猫眼评分高达9.5。这为衍生品市场奠定了坚实基础，吸引了大量观众。

《雄狮少年》作为一部备受欢迎的作品，拥有庞大的粉丝群体。观众对故事和角色有着深厚的情感连接，他们对衍生品的需求是持续存在的。可以说，从影视、图书到音乐等不同领域，都存在广阔的市场空间。该电影已经建立起品牌形象、形成知名度，这种品牌价值可以带动衍生品的销售，并吸引更多的合作伙伴参与衍生品创作中，进一步扩大市场规模。《雄狮少年》的故事和角色具有跨界合作的潜力。衍生品开发方可以通过与其他作品、品牌或企业的合作，将《雄狮少年》的元素融入其他领域，拓展衍生品市场的边界。

当前，《雄狮少年》的衍生品（图5-8）开发已经取得了一定的成果，包括影视作品、舞台剧、图书、音乐等方面的衍生品。未来，《雄狮少年》衍生品市场的潜力仍然巨大，观众需求、市场规模以及品牌价值等因素都将推动衍生品市场的进一步发展。

《雄狮少年》的受众群体主要是青少年。二维动画是中国第一代独生子女非常关注的话题，这个年龄段的观众对青春、友情、成长等主题有着较高的关注度。《雄狮少年》的故事情节紧凑、剧情动人，同时也融入了一些奇幻、冒险的元素。受众群体通常对这种类型的故事情节和题材有较高的兴趣。该电影的故事和角色能够引发观众的情感共鸣。他们可能会对故事中的人物经历、友情关系以及成长历程产生强烈的情感连接。

基于以上受众群体特点，我们对《雄狮少年》的衍生品创作定位和市场定位有以下建议。

第一，定位为青少年的精神寄托：在衍生品创作中，可以深挖青少年关注的主题，如友情、成长、勇气等。通过创作与这些主题相关的衍生品，满足受众对情感寄托和成长启发的需求。

第二，增加互动性和参与感：在衍生品创作中，可以增加互动性和参与感，与受众进行互动，让他们更加投入《雄狮少年》的世界中。例如，可以推出与故事情节相关的游戏、线上社区或活动，让受众有机会与故事和角色进行互动。

第三，创造多样化的产品形式：除了传统的图书、影视作品之外，可以考虑将《雄狮少年》的元素延伸到其他形式的衍生品中，如周边商品、音乐、游戏等。通过多样化的产品形式，满足不同受众的需求，扩大市场覆盖面。

第四，强调原创性和独特性：通过与原作创作者的合作，确保衍生品的创作与原作保持一致，并注重创新和独特的创意，以吸引受众的注意力。

当然，《雄狮少年》衍生品创作面临着版权保护、市场竞争、创意创新和观众需求变化等方面挑战。通过加强版权保护、提高创作质量、拓展市场渠道、与粉丝互动以及创新创意等策略，衍生品开发方可以更好地应对这些挑战，实现衍生品创作的成功。

《雄狮少年》作为一部备受瞩目的作品，其衍生品开发具有巨大的发展潜力。电影中的阿娟奋力一跃，这一跃不仅是电影中人物的飞跃，也是雄狮的飞跃，象征着所有为了幸福生活而努力工作的普通人的一跃，雄狮的形象也象征着祖国在多年艰苦奋斗后的飞跃。这个飞跃升华了电影主题，只要鼓点还在心中响起，我们就是雄狮。

只有抓住机遇、应对挑战、不断创新，我们才能在未来影视衍生品市场的蓝海中取得成功。

第五章 文化创意产品的设计实践

图5-8 《雄狮少年》衍生品系列

## 第三节　生活美学文创产品

　　生活美学文创产品设计是指将文化元素与日常生活用品相结合，以提升人们的生活品质和审美情趣的一种设计理念。这种设计理念强调生活美学与文化元素的融合，注重产品的实用性和艺术性，旨在为人们带来更加美好的生活体验。生活美学文创产品设计可以涵盖多个领域，如家居、文具、礼品等。在设计中，设计者通常会融入传统文化、地域特色、民俗风情等文化元素，使文创产品具有深厚的文化底蕴和独特的风格。同时，这些产品也注重用户体验和情感需求，强调产品的实用性和情感价值。

　　生活美学文创产品设计的特点在于其强调艺术性与实用性的结合。例如，一款加湿器的设计可能是以湾区特有的烧番塔为创作灵感：蒸汽上升就像烧番塔火花飞溅，光的照射，仿佛让人再次看到了中秋夜晚火红的番塔，如图5-9所示。这样的设计作品让大湾区非物质文化遗产伴随着我们的生活，在实用的同时让我们欣赏到中华优秀传统文化的独特魅力。

图5-9　番塔伴加湿器①

---

①　456选30！南海文翰樵山文创产品设计大赛决赛获奖作品出炉！（2020-07-07）[2024-03-05].https://www.sohu.com/a/406272661_120053454?_trans_=000014_bdss_dkhkzj

以下案例是学生为大米做的礼盒包装，这个礼盒在日常生活中可以作为收纳的袋子，也将梅州特有的客都稻米、红色古驿道以及盐米交换三者结合起来。

**作品：** 谷驿稻大米文创（图5-10）

**作者：** 尤丽华、陈国健（广东财经大学艺术与设计学院2020级研究生）

**指导教师：** 汪欣

**获奖情况：** "学党史·传承红色基因"主题美术与设计作品大赛一等奖（大赛由广东财经大学、嘉应学院、梅州市文化广电旅游局联合举办）

**主题诠释：** 谷驿稻，让吃饭不再将就。品牌价值主张：新时代的后浪们继承了先烈们勇敢无畏的红色血液，面对生活有自己的"谷"气。吃饭是我们的人生大事，做饭是热爱生活、善待自己的仪式感。看似微不足道的"谷"感，却堆砌起了平凡而有趣的生活，不妨当下，做个"谷"感青年。

**设计说明：** 基于梅州的红色文化特色，将梅州红色文化发展历程中具有重要地位、重大意义的古驿道作为主要研究对象，将梅州的地域特色、革命故事等进行设计元素提取，把梅州特有的客都稻米、红色古驿道以及盐米交换三者结合起来，设计一套以大米包装为主，以创意贴纸、音箱以及桌游为辅的文创礼盒包装，纪念那些在古驿道为红军战士们提供粮食的调盐客。产品将革命时期古驿道作为重要的交通枢纽、粮食供应主干道的作用体现出来，且运用到文创产品设计中，植物环保皮革的米桶造型可以多次循环利用，塑造梅州红色旅游的全新形象，为梅州红色旅游设计有文化内涵的文创产品。

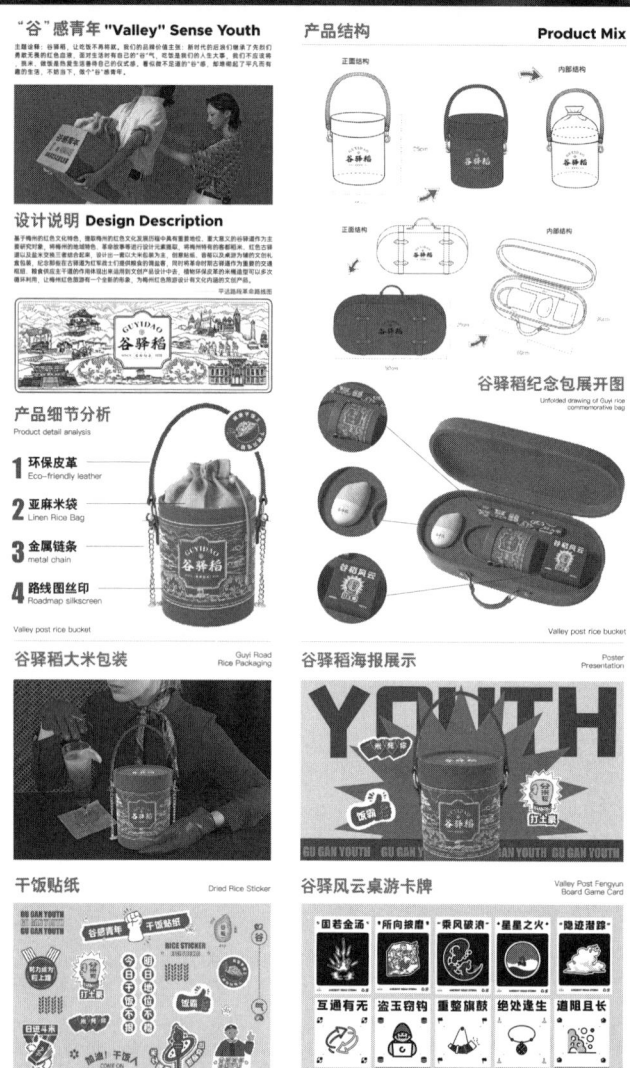

图5-10 谷驿稻大米文创

## 第四节 活动文创产品

活动文创产品通过策划和组织各种活动,将文化创意元素融入相关产品中,以推动文化产业发展、增强文化自信、提升文化软实力。活动包括文化创意主题活动、文艺演出、展览展示、文化交流、教育培训等多种形式。这些活动旨在推广文化产业项目、提升公众对文化的认知度和参与度,同时促进文化产业的创新和发展。活动文创产品是一种将文化创意元素与活动相结合的创新产品,有利于推动文化产业的发展和文化软实力的提升。活动文创设计的特点主要表现在以下四个方面:

第一,整体系统性。活动空间是一个复杂的整体系统,文创设计需要渗透到整个空间设计的各方面及全过程。在进行展览设计时,要尽量使空间布局、软装设计、色调选择等方面和谐统一,展示的文化和形象设计通常不受展示地域限制,需要执行统一设计元素。图5-11展示了一组展厅设计效果图。

第二,多元性。活动空间需要集展示、互动、服务等多方面于一体的空间设计,设计者可以运用多功能复合展示手法,充分利用展示空间,合理规划参观路线,营造出艺术性强的良好参观环境。

第三,个性化与创新性。文创产品需要具备个性化的特点,设计者可以根据不同活动的特点进行有针对性的创新设计,包括新材料和工艺的应用,使参观者产生独特的印象,形成视觉记忆。

第四,实用性。文创设计需要考虑到实用性。例如,文创礼品的设计需要考虑到礼品的包装、携带和使用等实用性因素,因此,很多展会活动的文创产品都会用环保袋来做礼品。

图5-11 "星耀湾区,光影长廊"展览展厅设计(作者:乔国玲)

# 第五章 文化创意产品的设计实践

## 一、广州设计周

广州设计周是首个提出"以商业化推广设计"运营法则的行业展会,推出"设计+品牌"设计推广与品牌营销的B2B商务运营模式;突破展会定时定点运营局限,首创全年无休的运营模式。比如,2022年的广州设计周将年度主题定为"热爱Passion",既是感性层面的情绪共鸣,又是理性层面的行业观察和驱动。它承载着广州设计周多年来的热忱与创想,上千个展商的呕心沥血,所有人力、物力、财力的集结,更身负着所有设计从业者与爱好者对设计趋势、潮流的探索与期盼。因为热爱,此次设计周创造了168小时的奇迹,呈现了一场40万人次的设计盛宴。图5-12为2022广州设计周以热爱为主题的文创产品与周边。

图5-12 2022广州设计周文创产品①

---

① 礼品推荐 | 广州设计周 x 巨蕉文创,热爱限定衍生周边,解锁生活美学新方式[EB/OL].(2023-01-15)[2024-03-05]. https://mp.weixin.qq.com/s/eGuRR8EJmaCJcpu15dLR_Q.

## 二、曼谷设计周

由泰国创意经济促进办公室与曼谷市政府等联合举办的2024曼谷设计周（Bangkok Design Week）1月至2月在曼谷15个地区展开，以"共创宜居城：众志成城"为主题，通过六大关键字符串联"曼谷设计周"，包含展览、学术交流、商业计划、国际交流、社区互动等，民众可欣赏展览、参加专家座谈与工作坊、逛市集等，感受曼谷设计力。图5-13是曼谷中央邮局在曼谷设计周推出的文创产品系列周边。

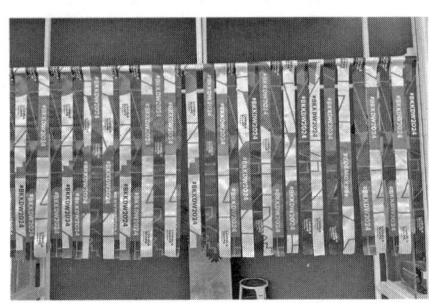

图5-13 曼谷设计周的文创产品系列周边

## 第五节 企业与品牌文创产品

企业与品牌文创设计是指将文化元素与品牌形象、产品或服务相结合，以提升企业或品牌的形象和价值的一种设计理念。这种设计理念注重文化元素的融入和品牌形象的塑造，强调产品的文化内涵和独特性，旨在为消费者带来更加丰富多元的体验和感受。企业与品牌文创设计可以涵盖多个领域，如包装、宣传册、广告设计、品牌形象等。在设计过程中,设计者通常会融入企业文化、品牌理念、市场定位等元素,使产品或服务具有独特的文化底蕴和品牌价值。同时,这些设计也注重用户体验和情感需求,强调产品的实用性和情感价值。

## 一、《千里江山图》月影随身装

企业与品牌文创产品设计的特点在于其强调文化元素和品牌形象的融合。例如,广州的茶具品牌哲品开发了一款以中国茶文化为主题的茶具套装——《千里江山图》月影随身装(图5-14)。该茶具套装的外观设计灵感来源于中国传统文化,让人们在品茶的同时,也能够领略到中国茶文化的独特魅力。

《千里江山图》月影随身装是故宫文化与哲品的合作款之一,该系列合作款产品在便携装的外包装上融入了"中国十大传世名画"。哲品将"中国十大传世名画"这一珍品以新的形式在日常生活中传承,给使用者带来无尽的艺术享受和思考。《千里江山图》是王希孟唯一传世作品,此画以精练的手法、绚丽的色彩和细腻的笔致表现出祖国山河的雄伟壮观。中国历来讲究"器以载道"的造物境界,这幅历史名画覆于月影随身装的外壳之上,从殿堂走进日常,大有行遍江山的慷慨,又极具古典艺术魅力。

从外形上看,该产品延续月影随身装的旅行茶具概念,将双层玻璃的一壶两杯紧凑收纳于包内,在外包上覆盖"中国十大传世名画"之一《千里江山图》,让历史名画更加接近日常生活。

从意境上看,《千里江山图》月影随身装,以移动便捷为出发点,为出行者营造一种宁静归真的品茶体验,给使用者随时随地品茶带来愉悦感。

图5-14 《千里江山图》原作素材（上）及月影随身装

## 二、广发证券的犇犇

广发证券吉祥物犇犇于2012年6月1日问世。犇犇以牛为造型核心,也代表期盼股市牛气冲天的祝愿。犇犇延续了广发证券徽标的蓝和红的标准色彩,同时拥有丰富的表情和三维造型设计。广发证券的犇犇形象被运用于品牌活动、营销活动中,如图5-15所示。例如,在品牌活动中经常会用到犇犇人偶、异形气球,再如在营销活动中经常会用到纸巾盒、公交卡等各式创意小礼品。犇犇是国内券商元老级IP形象,广发证券近年已经对其原有形象进行了较大调整:一方面,形象更加萌趣、3D化,贴近年轻人的喜好;另一方面,在场景化应用上,广发证券也对犇犇形象做了多种延展。广发证券未来还将考虑更多的适配场景,例如,结合年轻人经常使用的电商消费场景,借助短视频、朋友圈等社交媒介,提升年轻人对公司品牌的认同度和好感度。

图5-15 犇犇徽章[①]

2022年7月,广发证券易淘金App推出了以公司吉祥物"犇犇"为原型的限量版数字藏品。该数字藏品以区块链技术为支撑,具有唯一性和不可篡改性,由客户DIY生成后存于广发证券自主研发的区块链平台。广发证券也成为国内首家利用自主研发区块链平台为客户提供数字藏品服务的证券公司。该数字藏品以"犇犇体育健将"为主题,也被视为公司探索Z世代客户服务的重要举措之一,相关活动上线一周即吸引了近50万人次参与。本着"运动不仅在于赛场"的初衷,广发证券在"犇犇体育健将"数字藏品基础上,同步上线了6款犇犇盲盒(图5-16),包括棒球犇犇、乒乓球犇犇、羽毛球犇犇、足球犇犇、网球

---

① 跑黄马,怎么能错过广发证券展位福利?![EB/OL].(2020-12-25)[2024-03-05].https://www.sohu.com/a/440535838_120763417.

犇犇和隐藏款观众犇犇。

图5-16　犇犇盲盒

## 三、盈米基金且慢小顾

盈米基金为我国基金投顾行业的新秀，且慢App为盈米基金旗下专注个人理财的基金投顾平台。小顾是且慢App于2019年随问诊功能上线的智能小助理，为国内首个投顾IP形象。小顾以"小煤球"的造型为且慢App的用户提供投资规划建议等相关服务，IP形象与产品功能融合统一。身为且慢App的投资小管家，小顾帮用户解决一笔钱应该投什么产品的问题。比如，在理财实践中我们发现，除了不知道要选哪个产品之外，更多人还困扰资金应该如何规划：有一笔钱要投资且短期内没有明确的资金使用计划，这时候如何合理地在活钱、稳钱之间进行资金分配，怎样才能科学地兼顾家庭短期和长期的资金安排……这些问题都要考虑。为此，小顾陆续升级了资金规划、资产配置、配置分析和持续跟踪的功能，为客户提供更好的投资体验。

小顾拥有人类的表情、四肢和身体，拟人化、科技感的可爱风格深受且慢App的用户喜爱。此外，小顾形象还在且慢多个品牌活动、营销活动和服务场景中广泛使用，很多客户积极响应活动号召,就是为了抢到小顾周边的抽奖机会。以下是盈米基金近些年为小顾做的一些推广项目。

第一,在每一个中国节假日,且慢App都为小顾策划设计符合节日特征的插画(图5-17)作为App开屏,因为风格清新自然,在理财类App中独树一帜,该系列插画深受用户的喜爱,还有用户会特意截屏作为收藏,或者作为海报发布到社交平台。

图5-17 小顾插画

第二,每年盈米基金都会基于小顾形象制作年历并将年历(图5-18)作为回馈用户的礼品,通过结合且慢App"安放财富、静待花开"的品牌调性,配合投资金句的日常陪伴,传递慢即快的投资理念,加强客户的黏性和客户对盈米基金旗下且慢品牌的好感度和认同感。

图5-18 小顾年历

第三,在且慢周年庆的活动上,盈米公司将小顾形象延展到会议主题物料中,如手牌、背景墙、生日蛋糕等。小顾简约、可爱的形象深入人心,大家纷纷和小顾合影留念,并把照片分享到社交媒体上,如图5-19所示。

图5-19 小顾形象延展

第四,由于小顾的形象深入人心,盈米公司为小顾制作了一系列周边礼品。这些礼品不仅包括富有惊喜的盲盒,还有实用的杯垫、文化衫、床上用品等。这些精心设计的礼品旨在让用户在日常生活中感受到小顾的陪伴,同时也表达了企业对用户的感谢和回馈,如图5-20所示。

第五章 文化创意产品的设计实践

图5-20 小顾周边礼品

第五，IP在App端的应用。在设计方向上，设计者将小顾的形象定位为：简约、避免花哨，精致高级感，并且符合且慢整体设计规范。在内容展示、增加参与感的目标基础上，打造正向的情感体验，是设计中另一个关注的重点。App页面主要通过且慢小顾与详情介绍为组合，在展示品牌、提供情感化引导的同时，让首次进入App的用户对各个部分有充分的了解，并且可选择自己感兴趣的模块进行使用，如图5-21所示。

图5-21 小顾在且慢App中的应用

盈米基金对且慢App的IP小顾进行了拟人化、科技化形象的进一步丰满，启动小顾IP2.0形象升级。小顾2.0形象（图5-22）基于且慢徽标中水的元素，为小顾设定了水生智慧生物的背景，并赋予了比1.0阶段"小煤球"形象更丰富的背景故事和人物性格设定，让小顾拥有了完整的故事线和逻辑。该形象也与且慢的AI服务能力结合，为用户提供更具有场景感、智慧感和拟人温度的智能助理服务。小顾2.0形象随相应功能正式发布。图5-23展示了小顾表情包。2024年且慢台历也充分融入了小顾2.0的形象，如图5-24所示。

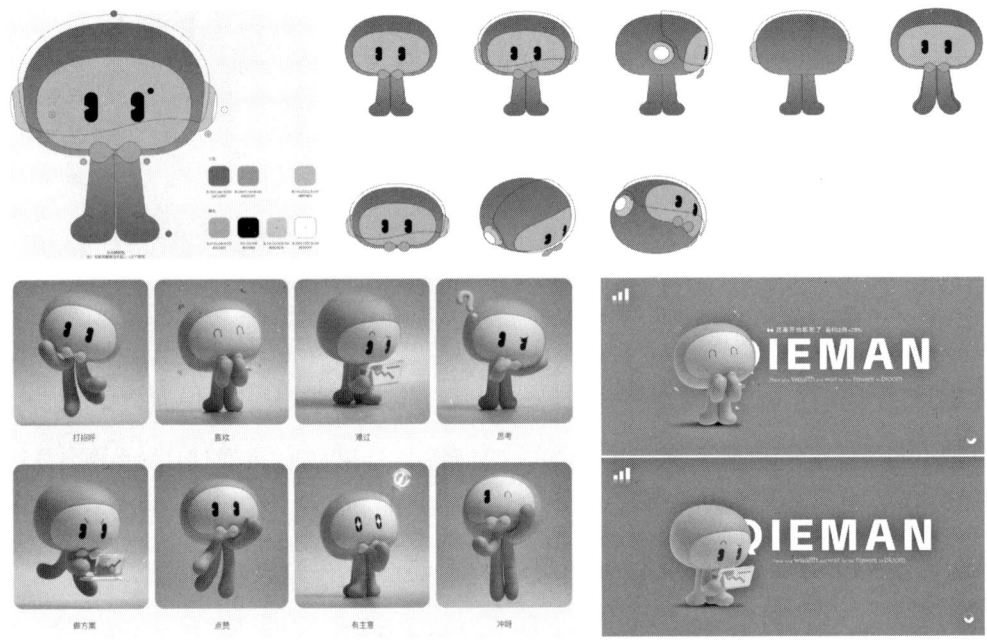

图5-22 小顾2.0形象设计

图5-23 小顾表情包

第五章　文化创意产品的设计实践

图5-24　2024年且慢台历

127

## 四、登月计划中秋礼盒

尚诺柏纳空间策划联合事务所（SNP）以"源自生活、追求卓越"为设计理念，专注为房地产及商业地产提供专业空间设计、陈设艺术设计服务。2023年该公司的中秋礼盒的设计结合了我国的登月计划，发挥设计师的奇思妙想，把设计公司的特色发挥得淋漓尽致。2023年登月计划中秋礼盒把中秋的民俗回忆融入礼盒设计中，模仿灯笼的造型承载中国人追求的团圆之境，手提式设计更显轻便，作为赠礼情谊也更显珍重，如图5-25所示。

以下是该公司关于这款中秋礼盒的设计说明。

礼盒的每一面以插画描述妙思（SNP联合艺术家林于思设计的IP形象）的登月故事——妙思在宇宙中遥望皓月，决定登上飞船开启觅月之旅，尽管路途遥远，但有星辰相伴，砥砺前行，终将抵达心中的目的地。

图5-25 2023年登月计划中秋礼盒

以手造物，以物寄情。

从手稿的粗糙构想到材质的精挑细选，设计的每一步都融入了妙思登月的浪漫想象。经过披星戴月的反复打磨，属于妙思的登月故事最终诞生。如图5-26所示。

第五章　文化创意产品的设计实践

图5-26　设计手稿、成稿及成品

打开盖子，内藏玄机，因"灯"与"登"同音，内盒以四个错落有致的方格排放，寓意对SNP 15周年的祝福——步步高升，逐心而行。如图5-27所示。

图5-27　中秋礼盒内盒

四个方格分别放置了月饼、棋盘、棋子和贺卡,一层一礼,祝愿一步一安然。

时光无法倒流,但童年可以追忆。

作为SNP的15周年中秋限定礼盒,设计者将南方孩子的童年怀旧游戏——飞行棋,融入对太空的幻想、对月球的向往,以IP妙思为主人公,创造出别具一格的飞行棋礼盒(图5-28)。IP妙思化身探月宇航员,分为蓝、绿、灰、白4支银河小分队,并且游戏新添了遨游太空的趣味玩法,愿为中秋的相聚带来更多欢声笑语。在团圆之际,让用户与亲朋好友共同开启一场登月探索之旅,找回儿时的乐趣。

图5-28 飞行棋礼盒①

---

① 2023登月计划丨MYTH与你迎中秋[EB/OL].(2023-09-15)[2024-03-05]. https://mp.weixin.qq.com/s/GJOX2VizjvhxSC7vEZcHLg

**作业：**

1.以粤港澳大湾区为地理范围，选择一项"非遗"开展文创产品设计。

2.从喜欢的影视剧中选取一项自己比较熟悉或感兴趣的方向来进行娱乐（影视）艺术衍生品设计。

学生可以结合课程，从文化创意、创新和创业的视角，全方位介绍文创产品设计的应用范围、文化的挖掘方法，以发展的视野认识优秀文化，挖掘和创新湾区文化，并创新展示自己设计的文创产品。

**延伸阅读：**

IP Maker——中国知名的文创产品设计，沉浸式体验，IP形象品牌设计［2024-03-25］.https://ipmaker.3deazer.net/.

**参考文献：**

1.送福利 |《白蛇传·情》主演亲笔签名粤剧联名文创！［EB/OL］.（2022-06-23）［2024-03-05］.https://view.inews.qq.com/a/20220623A07X0M00.

2.影视衍生品，原来可以这么"吸金"［EB/OL］.（2021-08-30）［2024-03-05］.https://baijiahao.baidu.com/s?id=1709511539745984284&wfr=spider&for=pc.

3.《雄狮少年》：背井离乡的小镇少年勇敢追梦，雄狮的飞跃感动观众［EB/OL］.（2021-12-18）［2024-03-05］.https://baijiahao.baidu.com/s?id=1719455038584144124&wfr=spider&for=pc.

4.刘明.文物"72变"：佛山博物馆的新流量密码［EB/OL］.（2023-05-22）［2024-03-05］.https://baijiahao.baidu.com/s?id=1766606959139793506&wfr=spider&for=pc.

5.2018国际熊再出发|香港国际授权展，俺们来啦［EB/OL］.（2018-01-09）［2024-03-05］.https://www.sohu.com/a/215588143_668847.

6.456选30！南海文翰樵山文创产品设计大赛决赛获奖作品出炉！［EB/OL］.（2020-07-07）［2024-03-05］.https://www.sohu.com/a/406272661_120053454?_trans_=000014_bdss_dkhkzj.

7.礼品推荐|广州设计周×巨蕉文创,热爱限定衍生周边,解锁生活美学新方式[EB/OL].(2023-01-15)[2024-03-05].https://mp.weixin.qq.com/s/eGuRR8EJmaCJcpu15dLR_Q.

8.跑黄马,怎么能错过广发证券展位福利?![EB/OL].(2020-12-25)[2024-03-05].https://www.sohu.com/a/440535838_120763417.

9.2023登月计划丨MYTH与你迎中秋[EB/OL].(2023-09-15)[2024-03-05].https://mp.weixin.qq.com/s/GJOX2VizjvhxSC7vEZcHLg.

# 第六章
# 文化创意产品中的创新与文化体现

> **本章要点**
>
> 了解湾区文化,湾区不同地区的文化符号与创新点。

本章将系统介绍文创产品设计中的思维基础和创造心理。重点是掌握文创产品设计的创意方法和基本思维模式;在形态创造中尊重文化、语义、符号与隐喻等各方面的原则。

"创新"这个词语可以分开来看,一指创立或创造新的,二指首先。因此,创新是指以现有的思维模式提出有别于常规思路的见解,利用现有的知识和物质,在特定的环境中,本着理想化需要、满足社会需求而改进或创造的新的事物、方法、元素、路径、环境等,并能获得一定有益效果的行为。

文创产品,是依靠创意人的智慧、技能和天赋,借助于现代科技手段对文化资源、文化用品进行创造与提升,通过知识产权的开发和运用而产出的高附加值产品。只有融入了创新的基因来进行创作的产品才是具有文化创意特色的产品,因此,创新是文创产品的根基。

## 第一节 创新——文化创意产品的根基

文创产品是指具有文化内涵的创新性产品,其核心要义是对文化内容进行创新性转化。创新是文创产品的灵魂。

产品创新既是文创设计的目的,又是文创设计的手段,在文创产品设计活动中处于核心地位。创新为文创产品设计注入了新的生命力,在市场竞争日趋激烈的今天,文创产品设计的创造力成为企业取得竞争优势的重要条件之一。创新思维是文创产品设计的重要组成部分,是研究文创产品设计创新、拓宽文创产品设计思路的重要突破领域。把握产品创意方向、突破文创产品设计思维对于文创产品设计而言具有较为深远的意义和作用。我们一般从以下三个方面来衡量"创新"的方向。

第一,满足行为水平的创新。

美国心理学家唐纳德·亚瑟·诺曼(Donald Arthur Norman)将设计分为三类:本能层(visceral level)设计、行为层(behavior level)设计、反思层(reflective level)设计。前两种层面上的设计主要针对流水线工业产品设计而言,优秀的行为水平的文创产品设计应该是以人为中心的,把重点放在理解和满足使用产品的人的需要上。就行为满足而言,安全性是前提,实用性是基础。

第二,技术进步与创新。

技术进步是文创产品设计发展的前提和基础,就文创产品设计而言,科技的发展促使产品不断更新换代,提高了人们的审美观念,同时也极大地改变了文创产品设计手段和设计程序,使设计观念发生革命性转变。计算机的诞生标志着文创设计进入全新时代,文创产品设计、价值工程分析与制造的三位一体化,使文创设计师的道德意识、团队意识及知识结构都面临新的挑战。技术进步必然推动产品设计的创新。

第三,流行与创新。

流行是指一个时期内在社会上流传很广、盛行一时的大众心理现象和社会行为。流行现象是文创产品创意心理研究的重要内容之一。流行与市场及文化等紧密相连,是文创产品设计师构思的必需渠道。流行是多个社会成员对某一事物的崇尚和追求,因此流行具有群体性,但它是一种以个人方式展现的社会群体心理,也具有个体性。

文创产品设计往往具有独特的情趣和审美倾向,有时甚至是诙谐的、幽默的。这是文创设计存在风格的本质条件,它深深地打上了文创设计师、设计环境、设计国度和特定地域的烙印。这种异己的特质有可能深深地打动观者,使之在情绪上做出反应。

## 一、在满足文化与产品两者前提下的创新

文创产品的创新应该是在满足文化需求与产品需求两者前提下的创新。文化是富有

传承的思想观念，产品应该满足一般消费者使用的功能。文化是内在精神方面的体现，产品的功能是产品的内核。文创产品应该在满足两个方面需求基础上进行创新。近年来，我国各地高校都在做自己的校园文创产品。该产品作为高校校园文化的有效载体，是学校办学育人、传递校园精神的重要载体。现在很多校园文创产品只是单纯地写上自己学校的名字，或者只是展现学校的地标建筑造型，这不能完整体现该高校的整体校园精神与风貌。例如，中山大学被网友们按英文谐音称为双鸭山大学，校友们设计了相关的衍生品，让人不禁会心一笑，如图6-1所示。每一所高校都有其得天独厚的历史、文化、自然资源等特色，在高校的构建发展过程中，这些特色逐渐在公众心中留下综合的感受，这个感受体现了对一所高校整体的评价与认知。如果将这个感受凝聚成一系列蕴含高校精神元素的物质载体——文创产品，它将是一所高校最好的形象表达。

图6-1 中山大学双鸭山系列衍生品

高校校园文化整体呈现出与人才培养目标紧密契合、与"大思政课"建设交相辉映、与"三全育人"综合改革相辅相成的时代内涵。越来越多的高校形成了特色校园文化品牌,主动探索校园文化建设的崭新载体和平台,既丰富了大学生的校园生活,又构成了新的育人场域。高校文创产品是将高校的特色文化、视觉符号、图形色彩等元素进行形象化的创意设计,最终制作成体现高校文化的产品。高校文创产品是高校品牌形象的重要组成部分,是高校对外宣传的有效途径,它具有文化性和商业性双重特征。在我国高校中,清华大学、北京大学等知名大学的文创产品特色鲜明,湾区的华南农业大学、中山大学、暨南大学、华南理工大学以及香港和澳门几所高校的校园文创产品做得也比较有特色。这些校园文创产品包含文具类、服饰类、工艺品类等品类,受到很多消费者的好评。广东财经大学湾区影视学院的充电宝设计如图6-2所示。我国的国家级大学生创新创业训练计划,为高校研发文创产品提供了良好平台。在高校品牌形象的建立中,结合时代发展趋势展开对文创产品设计的研究具有重要的理论和实践意义。高校可以把培育学生的创新创业意识纳入高校文创产品的研发和营销中,释放学生创新创业意识的潜能,探索为社会服务的新途径。

图6-2 广东财经大学湾区影视产业学院的充电宝设计(作者:韩文艺;指导教师:王琳艳)

当今社会已经进入多元化、多感官的新体验时代,人们通过视觉、触觉、听觉、嗅觉、味觉来选择、接收和处理信息。好的文创产品在设计上体现感官和心理的冲击,即设计者在感官多元体验指导下来进行文创产品的设计。各高校也应该加大校园文创产品的投入与重视程度,完善文创产品的开发体系,使校园文创产品成为高校产业的一部分。图6-3、图6-4分别是华南农业大学、暨南大学的文创产品。

第六章　文化创意产品中的创新与文化体现

图6-3　华南农业大学的文创产品

图6-4　暨南大学文创大赛中的文创产品[①]

---

① 文创大赛决赛！快来投出你心中的最佳"暨念品"吧［EB/OL］.（2023-05-01）［2024-03-05］.https://mp.weixin.qq.com/s/MOzFV1cFpW_lEFufbdht2Q.

文化创意是以文化为元素，融合多元文化、整理相关学科、利用不同载体而构建的再造与创新的文化现象。文化创意产业通过知识产权的开发和运用，生产出高附加值产品，是具有创造财富和就业潜力的产业。文化创意产业将文化器物本身所蕴含的文化因素进行分析转化成设计要素，并运用设计为文化因素寻求一个符合现代生活形态的新形式，并探求其使用后对精神层面的满足。

一款优秀的文创产品的诞生需要统筹全局。商品的基本属性（基本效用、品质、品牌、形象等），加上比其他商品更丰富的文化性、艺术感，再加上"讲故事"（好的营销方式），才能形成一款优秀的文创产品。因此，文创产品的特征有以下特点：第一，高知识性、智能化。第二，高附加值，处于产业价值链的高端环节。第三，强融合性，具有较强的渗透性和辐射力。

## 二、文化符号的隐喻与创新

文化符号，是指具有某种特殊内涵或意义的标识。文化符号具有很强的抽象性，内涵丰富。文化符号是一个企业、一个地域、一个民族、一个国家独特文化的抽象体现，是文化内涵的重要载体和形式。文创产品的设计包含多个环节，其中，符号提取是研发过程的重点内容，利用文化符号抽象加工的手段进行基因提取，能够使文创产品的设计符合当代审美需求。

"隐喻"（metaphor）一词出自希腊语，第一个明确谈及"隐喻"的是古希腊的亚里士多德。恩斯特·卡西尔发展了对隐喻的理解，指出隐喻包含一种创造的意蕴，是一种意义生成过程。隐喻成为被重新认知的另一种思维方式，由此及彼、由表及里地描绘未知事物；新的关系、新的事物、新的观念、新的语言表达方式由此而来。隐喻是一种内在真实体验的表达，文创产品设计中的隐喻穿过表面具象形态，直接指向深层内涵。

创造在心理学中被视为一种思维活动，是对问题情境的思考萌生过程的阐释。创造离不开思维的主体——人。创造与人的独立性息息相关，人的性格、智力、意志等都深刻影响人的创造机制。心理学的文化因素是人性特质形成和创造行为的决定因素之一。

岭南地区的民俗生活多姿多彩，岭南艺术的表现形式和类型同样丰富。岭南地区独有的文化生活与艺术活动，构成了岭南文化的具体表现形式，聚合成充溢着岭南文化气息的艺术氛围与文化语境，进而构筑起一整套庞杂的文化象征意义体系。在岭南文化艺术中，颇具代表性的艺术形式有粤剧、醒狮、广绣等，它们能够体现岭南文化的精神特质。

对于湾区高校来说，每个学校都是一个特殊的"品牌"符号，建立好完善而有特色的形象识别系统是对学校未来发展的长期投资，在特色形象识别系统下的文创产品，要结合有形产品设计，更要将无形的设计服务融入其中。良好的形象就是大学走向世界的通行证。一所高校的整体形象往往通过其校园环境、建筑景观、师生风采等多元形式加以展现，统一在特色形象识别系统下的高校文创纪念品将是校园精神、意象、神韵、气质的最好表达，也是提高高校品牌竞争力的外在保证。图6-5的文创产品来自香港大学的校园纪念品商店，分多个种类，非常有吸引力。

**图6-5　香港大学带有鲜明特色的文创产品**

汕头大学的2021"靳埭强设计奖"以"符号"为题，探索属于新时代的符号语言、观点和态度。该奖项一直立足中华优秀传统文化，探讨现代设计，希望借此推动中国艺术设计教育的发展，亦希望引导并鼓励参赛者不断进取，创新设计、反思设计，追求设计的新高度。符号有形,意蕴无尽。图6-6展示了2021"靳埭强设计奖"海报及铜奖作品。

图6-6  2021"靳埭强设计奖"海报与铜奖作品[①]

## 三、激活用户消费行为与潜意识的创新

人脑接收信息分为有意识地接收和无意识地接收两种方式,两者都是心理智能活动。有意识地接收是指有知觉地接受外在刺激并获取信息,无意识地接收则是指在无知觉的情况下对信息的获取。潜意识是隐藏在人的大脑深层的各种奇妙的心理智能活动。它是人类具备但似乎忘记了的自身能力,换句话说,是未被开发和利用的能力。潜意识思维主要指的是直觉思维和灵感思维。文创产品设计可以通过以下方式激活用户消费行为与潜意识的创新。

第一,引发用户的好奇心和探索欲望:在设计文创产品时,可以通过创造新奇、独特的产品外观、功能或使用体验来引发用户的好奇心和探索欲望。这种设计策略可以利用用户的直觉思维,引导他们主动接触和了解产品。

第二,提供直观、简洁的设计:直观、简洁的设计可以帮助用户快速理解产品的功能和用途,从而触发他们的直觉思维。同时,这种设计风格也能够让用户在使用过程中获得愉悦的体验,进一步增强他们的购买意愿。

第三,融入情感和故事:将情感元素或故事性融入文创产品设计中,可以引发用户的

---

① 靳埭强设计奖2021获奖作品【专业组】[EB/OL].(2022-08-19)[2023-03-05].https://www.artwun.com/works/274.html.

共鸣和情感投入,激活他们的潜意识思维。设计师可以通过设计具有情感寓意的产品或讲述与产品相关的小故事来达到这一目的。

第四,利用潜意识信息引导消费:在设计过程中,可以利用潜意识信息来引导用户的消费行为。例如,可以通过特定的色彩、形状、气味等来暗示产品的特点或使用体验,从而激发用户的购买欲望。

第五,鼓励用户参与和定制化:通过鼓励用户参与产品的设计和定制,可以让他们对产品产生更强烈的归属感和拥有感,从而激活他们的消费行为。此外,用户定制化的需求也可以帮助设计师更好地了解用户需求,为产品创新提供更多灵感。

第六,利用社交媒体和口碑传播:社交媒体和口碑传播是激活用户消费行为的有效途径之一。通过鼓励用户在社交媒体上分享使用体验和感受,可以进一步扩大产品的曝光度和影响力,激发更多用户的购买意愿。

总之,文创产品设计应该注重以上多种方式与行为,激活用户的消费行为和潜意识创新,进而促进消费,这也有利于正向反馈给设计师更多的灵感。

## 四、不同文化之间的差异与创新

文化是一个非常复杂的概念,它是指社会成员通过社会交往而不是生物遗传继承下来的全部内容,包括在社会化过程中,由一代代人传下来的思想、技术、行为模式、宗教仪式和社会风俗等,是人们习得的信念、价值观和风俗的总和。文化像一只无形之手,人们不一定清晰地知道它对我们心理活动和外在行为的巨大影响,但它的确自然而自动,并且根深蒂固地影响着我们的一举一动。

文化一般包括以下要素:认知和信仰、价值观和规范、语言和符号、仪式。文化的存在是人类社会发展和人的社会化的必然,它给人类的社会生活提供秩序、方向、规则和指导。

伴随着我国"一带一路"倡议的深入,一个经济、文化更加融合的粤港澳大湾区新时代正在到来。党的十九大报告提出,支持香港、澳门融入国家发展大局,以粤港澳大湾区建设、粤港澳合作、泛珠三角区域合作等为重点,全面推进内地同香港、澳门互利合作。

粤港澳大湾区是继美国纽约湾区、美国旧金山湾区、日本东京湾区之后世界第四大湾区,是国家建设世界级城市群和参与全球竞争的重要空间载体。有别于其他三大湾区,粤港澳大湾区涵盖两个特别行政区,以及两种不同的制度与文化,兼容了多元文化价值。自古以来,湾区具有临海而形成的天然开放性特点,国际一流湾区如纽约湾区、旧金山湾区、东京湾区等,以开放性、创新性、宜居性和国际化为其重要特征,已成为带动全球经济发展的重要增长极和引领技术变革的领头羊。基于这样的时代背景,粤港澳大湾区文化有以下几个特点。

### (一)同根同源的文化基因

粤港澳三地在明清时期都是广州府的辖地,其山水相连、人民同宗同源,是中国现代流行文化的发源地,其文化产业在经济发展中占据重要地位。伴随着湾区发展应运而生的湾区文化,正在成为粤港澳大湾区软实力的重要组成部分。如今,粤港澳大湾区正在成为全球最具活力的经济、文化和创意的聚集地。

### (二)占领文化高地

粤港澳大湾区的红利正在逐步发酵,城市与城市间文化产业协作的需求也越来越迫切。如何在大湾区建设中保持粤港澳三地文化产业优势、提高文化软实力、促进文化交流特别是青年交流沟通,是亟须思考的问题。文化自信是一个国家、一个民族发展中更基本、更深沉、更持久的力量。经过前几年的铺垫,中国文化产业在力量上有了新的积累、在模式上有了新的探索。近年来,我国经济增速有所放缓,但文化产业保持了强劲的发展势头,增速始终高于同期GDP增速。文化产业和文化消费作为经济新增长点,在经济发展中发挥着越来越重要的作用。

在此背景下,为推动文化繁荣兴盛和加强粤港澳大湾区文化建设,举办粤港澳大湾区流行文化系列活动,以流行文化为切入点、以增进粤港澳三地青年文化融合发展为目的、以促进多元共赢为目标、以增强文化认同与社会凝聚力为使命,聚焦且服务大湾区青年人群,占领流行文化高地,很有必要。

具体来看,大湾区流行文化系列活动将以流行文化为重点,构建流行文化研究、交流、创作生产、展示及交易四大平台,进一步整合和繁荣区域内影视、出版、新媒体、创意产业等业态,以粤港澳大湾区青年为主体人群,推动粤港澳青年参与流行文化建设,共同推进大湾区流行文化建设和流行文化产业发展,促进文化产业成为湾区的支柱产业,增进粤港澳青年的文化认同和国家认同。

## （三）内容为王

作为新兴支柱产业，文化创意产业获得很多地方政府的支持，比如佛山市政府、惠州市政府近年都在大力推进影视产业的发展。文化创意产业一定要有丰富的内容，必须内容为王。2021年上映的《雄狮少年》就具备湾区文化的核心要素，对"南狮"这个题材做了深入的演绎，并向世界展示了独具湾区特色的文化特点。因此，有人说该电影是一部有野心的电影，不是因为它用动画完美地表达了舞狮的动作流畅性，而在于电影有强烈的在地性，有着丰富的民俗指向。剧中的主角阿娟也用醒狮来完成了人生的蜕变，这是《雄狮少年》给出的主题。舞狮和醒狮，不仅代表了岭南地区的特色文化，更成为民族自强的象征，醒狮之民族自强的精神才是该电影的内容核心。

# 第二节 文化创意产品中文化的体现与案例

从博物馆的视角出发，文创产品的设计研发归根结底是对文物背后文化的传承发扬，是对文物背后文化的深刻理解，是对文物背后文化的学以致用，是文化发展水平的重要体现。文创行业逐渐成为全球范围内文化发展的时代新景观，我国很多博物馆结合博物馆的特色和文化特点对接"文创+制造""文创+旅游"等新业态，以文创产品设计助力中国文化复兴与经济转型升级，提升全民的文化品位与生活品质。

## 一、广州南汉二陵博物馆的文创产品

2022年5月，广州南汉二陵博物馆举办"只此绚丽——广州出土汉代珠饰展"。展览精选广州出土汉代珠饰文物232件（套），通过"璀璨夺目""匠心独运""珠玉在侧""美美与共"四部分，向公众展示汉代珠饰的艺术之美，以及其承载的制作工艺、技术传播和东西方人类文化交流、文明互鉴等历史信息，如图6-7所示。广州考古出土两汉时期珠饰两万余颗，它们材质丰富、形制多样、色彩斑斓、来源广泛，见证了岭南与周边地区，特别是与东南亚、南亚、西亚及地中海沿岸地区通过海路进行的贸易往来和人文交流，为我们重现了汉代番禺"珍奇荟萃、商业繁华"的生动历史画卷。展览在展示精美珠饰文物的同时，注重观众的沉浸式观展、互动式体验，展场布置从地面到天花板包围式复原海洋场景，博物馆邀请馆校共建单位广州美术学院美术教育学院教师以广州出土汉代珠饰为主题，设计符合当代审美潮流的文创产品进行展示，倾力打造珠饰复刻品供观众试戴体验。展览现场，学生志愿者们身戴着广州出土汉代珠饰的复刻品演出，他们编排了"只此绚丽"珠饰走秀与《相和歌》盘鼓舞在开幕式演出，为观众呈现了一场穿越时空的视觉盛宴，让历史场景变得鲜活而生动。广州美术学院美术教育学院老师还现场演示了汉代蜻蜓眼玻璃珠的烧制技艺，通过生动的表现形式让文物活起来，让珠饰焕发新生。

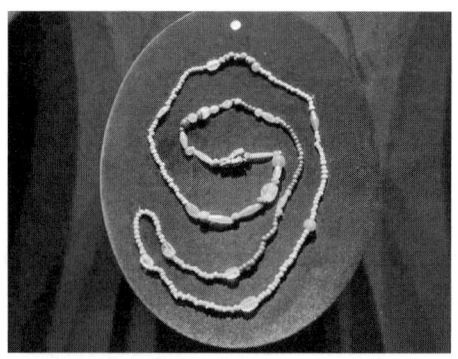

图6-7 汉代珠饰展现场的展品、文创产品与文创活动[①]

---

① 文艺,黄宙辉.广州出土汉代珠饰展在南汉二陵博物馆开幕[EB/OL].(2022-05-26)[2024-03-05].http://news.ycwb.com/2022-05/26/content_40801691.htm.

## 二、南阳市博物馆文创产品

河南省南阳市博物馆的文创产品——耳环，是设计师从馆藏文物中的倒钩阔叶铜矛造型中得到灵感设计的，如图6-8所示。商代倒钩阔叶铜矛存世量仅十几件，其中有7件都在南阳市博物馆。倒钩阔叶铜矛造型是一种权力的象征，枝叶繁茂，生机勃勃，昭示大业有成的力量。设计师依照其造型设计了耳环，通过肌理颜色的处理，这个叶子造型的耳环很受消费者的欢迎，也非常具有南阳市博物馆馆藏文物的特色。

图6-8　商代倒钩阔叶铜矛与文创产品耳环（作者：杨志玲）

## 三、佛山祖庙博物馆文创月饼

拉动纸盒，狮头图案居然会"动"；灯笼造型的饼盒被设计成时尚拎包……2022年佛山祖庙博物馆联合本土餐饮龙头企业发布三款别具祖庙特色和岭南风味的文创月饼，通过创新的模式打造祖庙这一岭南文化IP，推出具有佛山文化特色的时尚月饼。设计师以"狮舞岭南""万福呈祥""福星高照"为题，设计了三款不同风格的国潮月饼，月饼的设计既传统又潮流。

以"狮舞岭南"为主题的月饼，其包装盒上有一组岭南特色南狮的图案，通过缓慢拉伸包装盒，顾客可以惊喜地看到"狮子"舞动的情景；盒内四款月饼贴上了四个不同寓意的狮头贴画，粒粒红豆、抹茶莲蓉等都是深受年轻人喜欢的口味。可爱的岭南狮子代替了单一的花纹融入月饼中，将佛山传统舞狮文化以新潮方式输出，也让这份中秋好礼能够承载更多的文化内涵。红、粉、绿、黄四款南狮月饼代表了不同的中秋愿望，佛山背后的传统文化与月饼美味完美融合。

以"万福呈祥"为主题的月饼，重点突出了包裹月饼的一块丝巾。佛山祖庙是古代官方祭祀场所，"万福呈祥"中秋礼盒用丝巾仿照古代包裹的传统包装手法把月饼盒"包"了起来。礼盒上印有祖庙万福台中轴线俯瞰图和历史上祖庙祭祀祈福的画面，寓意带福回家。丝巾以红、绿、紫色为基调，色彩艳丽而不俗，添加俏皮的玉兔、灯笼等中秋元素，不仅可以当成时尚单品，还可以搭配衣服。

以"福星高照"为主题的月饼以祖庙大殿高悬的吉祥灯笼为参照，结合现代流行的国潮风，设计成手提盒的形式，把历史物件重新活化。不少市民认为，这款手提盒设计很时尚，更像一款名牌的手拎包。

月饼设计团队介绍说，佛山是岭南文化的发祥地，祖庙则是佛山的文化地标，设计团队从中汲取丰富文化元素并辅以创新表达，以引起更多年轻人产生共鸣，让他们关注和参与祖庙、佛山乃至岭南文化的传承和发展，如图6-9所示。"文博单位做文创，一定要符合潮流，适应新时代年轻人的消费观念，才可以将产品做得更好。"祖庙博物馆游客服务部主任支中文介绍说，近年来，博物馆积极引入企业、学校等社会资源进行特色文创IP和产品开发。馆企合作则主要是和一些文创产品设计、生产企业开展深度合作。博物馆还举办了佛山市首届文创产品设计大赛，收到的作品主要来源于文创设计企业、市艺术院、市博物馆等，其中一部分还投入了生产。"以前，我们发展文创的思路以传统工艺品为主，但从2022年开始，我们加强了与本土企业合作，从食品切入，以现代国潮的风格来承载和传播传统文化，让更多的年轻人喜欢。"支中文说。

图6-9　祖庙博物馆文创月饼①①

作业：

1.收集与自己所选方向一致的文创产品的市场资料。（文创产品设计最重要的就是日常的积累，建议为自己设置一个灵感本，把日常积累的灵感元素收集起来。在之后做项目没有头绪时，不妨打开这个灵感本提取灵感。）

2.寻找3款市场上热销的文创产品，分析其设计的创新点。

---

① 会动的"狮头"！祖庙文创月饼惊艳亮相[EB/OL].(2022-08-16)[2024-03-05]. https://m.thepaper.cn/baijiahao_19482980.

**延伸阅读：**

1.故宫博物院建院100周年特别奉献［EB/OL］.［2023-03-05］.https://www.dpm.org.cn/Creative.html.

2.British Museum［EB/OL］.［2023-03-05］.https://www.britishmuseum.org/.

3.MOMA［EB/OL］.［2023-03-05］.https://www.moma.org/.

4.广东省博物馆［EB/OL］.［2023-03-05］.http://www.gdmuseum.com/cn.

5.深圳博物馆［EB/OL］.［2023-03-05］.https://www.shenzhenmuseum.com/?idnews=939.

6.佛山市祖庙博物馆［EB/OL］.［2023-03-05］.http://www.fszumiao.com/index.html.

**参考文献：**

1.李漠寒,程旭锋.高校文化创意产品设计研究［J］.工业设计,2024（1）:28-31.

2.苗盼盼.新媒体时代传统文化产品的创新研究——评《新媒体背景下文化创意产品的设计与传播》［J］.广东财经大学学报,2023（4）:113-114.

3.章俊杰,叶菲.文化创意产品市场竞争中的创新思维［J］.工业工程设计,2023（5）:13-18.

4.文创大赛决赛！快来投出你心中的最佳"暨念品"吧［EB/OL］.（2023-05-01）［2024-03-05］.https://mp.weixin.qq.com/s/MOzFV1cFpW_lEFufbdht2Q.

5.靳埭强设计奖2021获奖作品（专业组）［EB/OL］.（2022-08-19）［2024-03-05］.https://www.artwun.com/works/274.html.

6.文艺,黄宙辉.广州出土汉代珠饰展在南汉二陵博物馆开幕［EB/OL］.（2022-05-26）［2024-03-05］.http://news.ycwb.com/2022-05-26/content_40801691.htm.

7.会动的"狮头"！祖庙文创月饼惊艳亮相［EB/OL］.（2022-08-16）［2024-03-05］.https://m.thepaper.cn/baijiahao_19482980.

# 第七章
# 国潮与湾区文化创意产品设计

> **本章要点**
>
> 国潮的概念与其背后的中国传统文化符号。

近几年,国潮兴起,好像什么产品融入国潮元素就好卖了,事实上并非如此。我们解读一下"国潮"二字,"国"字凸显植根中华沃土,"潮"字则代表社会审美风尚。那什么是国潮呢?国潮的字面释义:"国家+潮流",但其内涵丰富多彩。潮牌最早起源于美国街头文化,它不是简单的潮流元素的集合,而是当代年轻人身份认同的符号与标志,是一种自我表达的外在形式,具有受众群体小且年轻、单品数量少、强调原创、表达个性等特点。

中国的国潮可以这样解释:"国"即中国传统文化和视觉元素,"潮"代表时代精神和时尚潮流。继2018年李宁品牌的国潮服饰在国际时装周惊艳登场,中国国潮迅速席卷美妆、文创、餐饮、家电等多个领域,令传统国货产品的面貌焕然一新。在《国潮:21世纪中国"文艺复兴"》这本书里,作者张内咸通过对国潮的定义及其根源进行深入探究,提出了国潮三要素:中国符号、更新观点、面对市场。

国潮是中国文化基因与符号、中华美学精神、传统技艺、制造业、文化市场与文化产业等的结合。国潮之"潮",代表着时尚和先锋。传统文化遇上国潮,可以以"潮"焕新,重新获得活力。它是一种消费和时尚潮流,也是一种中国文化现象。湾区的岭南文化承载着民族的记忆,镌刻着中华民族的文化基因。国潮的兴起,也为岭南文化的保护和传承提供了难得的机遇和载体。

国潮×传统文化=中国现代流行的商业经济文化。国潮的兴起，意味着一种趋向性审美导向开始形成。这种审美以"中国元素"为内核，背后是对中华优秀传统文化的认同。李宁运动品牌植入刺绣元素后，相关产品变为时尚青年抢购的潮品；六百岁的故宫推出"朕的心意"月饼、宫廷色口红等文创产品，立刻刷爆年轻人的朋友圈……消费者购买的不仅是商品，更是商品背后的文化。

# 第一节 国潮要素与国潮设计研究的意义与价值

科学家理查德·道金斯（Richard Dawkins）借用生物学的"基因"概念，结合人类文化的特点提出了"文化基因"。他认为，文化基因是文化进行传播及传承的基本单位，与人类的记忆相关，具有复制的能力。学者苏珊·布莱克摩尔（Susan Blackmore）指出，任何事物，只要它以这种方式从一个人身上传递到另一个人身上，那它就是一个文化基因，文化基因和生物基因一样，会通过事件、习惯、艺术形式等各种路径复制自己，达到传递文化的目的。文化基因是对民族的文化和历史产生过深远影响的心理底层结构和思维方式，具有极强的渗透性。

中国传统文化基因解码与文创产品设计开发，是新时代提升中国文化软实力的重要内容。文创设计师应该立足近年来国潮发展状况，把握中国传统文化符号与传统美学研究的流程与环节，弘扬中华视觉文化、优化文创产品的主题类别和传播路径，聚焦于IP衍生品类文创、博物馆文创、地域类文创和娱乐影视类文创等类别，针对当代消费者的需求，不断优化文创产品设计开发的策略，包括传统文化理论创新、文创产品创新设计与传播路径策略，以期获得良好的社会效益和经济效益。针对当代消费者的需求，文创产品开发者通过不断优化文创产品设计开发的策略，包括传统文化理论创新、文创产品创新设计与传播路径策略，可以获得良好的社会效益和经济效益。

## 一、国潮设计主题内容三要素分析

国潮设计主题内容包括符号要素、叙事要素和市场要素三部分。

## （一）符号要素

中国符号是中国特有的元素，如筷子、熊猫、孙悟空、中药、唢呐、锣鼓、丝绸、花椒、竹子、茉莉等。湾区的主要文化是岭南文化，其代表的符号也很有特色，有满洲窗、粤菜、凉茶、粤绣、南狮等。

岭南视觉符号是具象的视觉元素，具有鲜明的特色。我们也可以将复杂的岭南文化哲学思想简化为容易理解的视觉符号。有些产品因为使用了符号化的网络语言，使消费者更易于接受，令产品在网络上风靡起来。

## （二）叙事要素

我们可以将叙事要素视为对历史文化的解读，这也是一种故事力。同一件事，不同的人从不同的角度看，会产生不同的故事。东西方文化对于故事的理解与阐述，也有不同的见解。一个好的故事能够吸引别人的注意力，激发他们的想象力，充分调动情绪，并且在润物细无声中让对方做出决策。做文创产品设计，叙事非常重要，通过叙事可以拉近产品和消费者的距离。影视衍生品天然带有叙事的元素，设计者可以充分发挥优势。

## （三）市场要素

在国潮设计中，市场要素是至关重要的，它可以帮助国潮设计更好地适应市场需求，提升产品的竞争力和市场影响力。国潮设计师首先需要明确产品的目标受众群体，并了解该群体的需求和喜好，从而精准定位设计风格和产品特点，以吸引目标受众的注意力和购买欲望。其次，要及时了解市场发展趋势和消费者需求变化。通过关注市场发展趋势，把握消费者需求变化，设计师可以在设计中融入时下流行元素，保持产品的时尚性和市场竞争力。最后，国潮设计师还需要建立产品的品牌形象和定位。通过明确的品牌定位，产品可以在市场中树立起独特的国潮设计品牌形象，吸引目标受众的关注并得到其认同。

国潮设计从"古"走来，承续着中华文脉；国潮设计面貌一"新"，表达着社会情感和时代新风。优秀的国潮设计，通过"物"传达精神旨趣和审美意蕴。在这个意义上，国潮设计贯通着我们的文化精神、美学风格和时代气象。

在修旧如旧的赤坎古镇旅行，买几件国风文创当伴手礼；在陈家祠，身着传统服装拍照留念；在城市广场大街，穿上国产潮牌彰显个性；在温馨的小家里，用"新中式"家具装点美好生活……这些充满时尚感的生活场景,都离不开国潮设计。大到建筑、家居,小到一盏灯、一支笔,国潮设计师将中华优秀传统文化与当代生活时尚连接,借鉴传统形制、美学、技艺,融入当下科技和设计语言,设计出琳琅满目的国潮产品。国潮设计产品不仅是实用物品,更是内涵丰富的文化产品,讲述着动人的中国故事,让人们受到传统文化的熏陶。

## 二、国潮设计研究的意义与价值

通过国潮设计研究,我们可以很好地传承和弘扬中华优秀传统文化、增强文化自信、探索创新的设计语言、拓展市场和提升竞争力,以及促进文化交流与合作。通过国潮设计的研究和推广,我们可以为社会和经济发展带来积极影响。

第一,传承和弘扬中华优秀传统文化。国潮设计产品融入了传统文化元素,通过现代的设计语言和创新的表达方式,传承和弘扬了中华优秀传统文化。这对于保护和传承中国独特的文化遗产具有重要意义,使传统文化焕发新的生机和活力。例如,三星堆博物馆里的文创产品展现了璀璨的中国古代物质文明。

第二,增强文化自信。国潮设计展现了中国独特的审美观和设计风格,对于增强中国人的文化自信具有积极作用。通过国潮设计的创作和推广,我们可以让更多人认识和喜爱中国文化,增强我们对自身文化的认同感和自豪感。国潮设计产品对传统色彩进行开掘和利用。例如,2008年北京奥运会会徽,在现代奥林匹克运动史册上深深钤上中国印。"中国红"已成为时尚潮流,无论服饰、美妆产品,还是挂饰、摆件,一抹中国红寓意着端庄、吉祥,图7-1是典型的中国红漆手镯。又如,餐具、服装、家居用品,甚至U盘、耳机、手机、键盘等电子产品,巧妙地借用了青花瓷色彩之美。再如,海棠红、茶白、杏黄、柏枝绿、黛蓝、赭石等许多典雅色彩,在美妆产品设计中得到广泛应用。

图7-1　漆手镯"红妆"(作者:董文姣)

第三,探索创新的设计语言。国潮设计在传统文化的基础上,融入了现代的设计语言和创新的表达方式。这为设计领域带来了新的思维和视角,激发了创新的灵感和创作力。对于国潮设计的研究可以推动设计行业的发展,丰富设计语言,促进设计创新。我国古老的甲骨文现在也成为国潮文创的"资源库",不仅有甲骨文丝巾、手绘本、T恤衫、电脑包等实物产品,还有社交软件表情包、"甲骨文名字绘"等互动新媒体产品。特别是微信公众号"博物汉字"开发的视频号,把甲骨文做成动画,让人直观地感受到古人造字的智慧,动起来的甲骨文吸引了大批粉丝。这个公众号也从汉字出发,使用创新的设计语言使我们了解华夏文明。

第四,拓展市场和提升竞争力。国潮设计具有独特的魅力和市场吸引力。通过研究国潮设计,我们可以发现并满足消费者对传统文化的需求,拓展相关产品和服务的市场。同时,国潮设计的独特性也能够提升品牌的竞争力,为产品赢得更多消费者的青睐。近年来,文博单位、老字号品牌纷纷推出国潮产品。故宫推出的各种文创产品,因其独特的魅力,在市场上受到消费者的热捧。中国各地博物馆的很多文创产品也纷纷"出圈",受到消费者的青睐。

第五,促进文化交流与合作。国潮设计作为中国文化的重要表达形式,具有促进文化交流与合作的作用。通过国潮设计的推广,我们可以促进不同国家和地区之间的文化交流与合作,增进相互了解和友谊。

扎实地从文化中汲取营养,热情地用创新开辟未来。国潮设计从"古"走来,承续着中华文脉;国潮设计面貌一"新",表达着社会情感和时代新风。优秀的国潮设计,通过"物"传达精神旨趣和审美意蕴。在这个意义上,国潮设计贯通着我们的文化精神、美学风格和时代气象。

## 第二节 地域文化推动的文化创意产品设计

地域文化是在特定地区范围内,经过相当长的历史融合而形成(或约定俗成)的有典型特色和符号体系的精神资源的总和。在针对特定主题的文创开发中,地域文化对于创意产生、深化有直接的推动作用,相关产品在后期传播中借助语境体系,可以进行后续情感延伸和二次传播。湾区地域文化元素丰富、形态各异，文创产品最终要实体化、视觉化，因此要首先挑选那些符号感强、形态明确的典型地域文化元素。

粤港澳大湾区的地域文化有很多代表性符号，利用这些符号推动文创产品设计是很多设计师非常愿意去深入探索的方向。粤港澳大湾区的地域文化符号包括珠江三角洲的广府文化、澳门的中葡融合文化等。

珠江三角洲具有独特的地理位置和自然景观，珠江、岭南水乡、亚热带繁茂的植物等，成为这里的重要地域文化元素。此外，饮食文化、戏曲表演、民间艺术等也是构成该地区地域文化的重要元素。澳门保留了浓厚的葡萄牙文化特色，澳门的建筑风格、葡式美食、欧式庙宇等都是其独特的文化符号。作为大湾区的国际化都市，香港也有其地域文化元素，它的夜景、购物街区、国际艺术展览等都体现了独特的国际化风格。

华南农业大学的梁卉莹博士设计的作品《南国红荔》，呈现了一枚荔枝胸针，概念来源于岭南的特产——荔枝，胸针的底座是18K金，红色的石头是未经切割的尖晶石原石，如图7-2所示。设计者刻意利用宝石的原始触感来模仿荔枝壳的肌理。该作品的设计得到了华南农业大学的荔枝专家齐文娥和左两军教授的指导，设计者深度发掘了荔枝的文化内涵。团队整理了中国古代关于荔枝的诗词，并且将其译成了现代汉语，这是一件有意义的事情，对设计者有极大的启发。华南农业大学经济管理学院的余秀江教授也对设计者选哪个品种的荔枝进行创作提出了专业的意见。

图7-2 荔枝胸针与手绘图（作者：梁卉莹）

梁卉莹的另一个作品《木棉礼赞》首饰设计也是非常具有湾区地方文化特色的作品，如图7-3所示。木棉是广州市的市花，也叫"英雄花"。木棉树花开得红艳但又不媚俗，它具有壮硕的躯干、顶天立地的姿态，呈现出壮观的景色；它的花瓣颜色红得犹如壮士的风骨，色彩就像英雄的鲜血染红了树梢。设计师使用了火欧泊、沙弗莱石、18K金等设计材料，很好地渲染了木棉花的这种气质，这套首饰色彩对比强烈，气势浑厚。

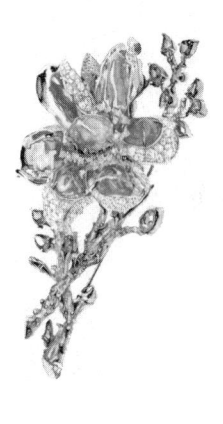

图7-3　木棉花系列首饰与手绘图（作者：梁卉莹）

电影《刑场上的婚礼》中发生在广州木棉花树下的真实革命故事感染着一代代中国人。木棉树下的"钟楼"广场被誉为"革命的大本营"，鲁迅任教中山大学时，在这里写下了"几树半天红似染，居人云是木棉花"的诗句。《农讲所颂》里的一句歌词"红棉如火影红墙"描述了毛泽东同志主办农民运动讲习所旧址的情景。[①]木棉花作为具有英雄气质的广州市花，被许多企事业单位作为文创产品的主要文化符号，如图7-4所示。

---

① 黎旭阳.了解一下！"网红"木棉花下原来有这样的故事［EB/OL］.（2018-04-03）［2024-03-05］.https://mp.weixin.qq.com/s/9N4ieZZiLzkXQ6OJRHb_aQ.

图7-4 广州市越秀公园的木棉元素文创产品

## 第三节 非物质文化遗产衍生的文化创意产品设计

人类文化分为物质文化和非物质文化,物质文化主要指以物质形式显现的文化,是物质层面文化的主要部分,是经济基础在人民生活中的直接反映。非物质文化往往是精神文化,比如人类创造出来的制度等其他文化。

根据《中华人民共和国非物质文化遗产法》,非物质文化遗产是指各族人民世代相传并视为其文化遗产组成部分的各种传统文化表现形式,以及与传统文化表现形式相关的实物和场所。非物质文化遗产包括:传统口头文学以及作为其载体的语言;传统美术、书法、音乐、舞蹈、戏剧、曲艺和杂技;传统技艺、医药和历法;传统礼仪、节庆等民俗;传统体育和游艺;其他非物质文化遗产。

非物质文化遗产是人类美好而永久的文化记忆,关于它的文化情感有广泛受众群体。我们应重视非物质文化遗产的原创原生特点,支持加工制作,使其产业化、便于产生经济效益并传承下去。

湾区非物质文化遗产主要包括以下几类。

武术:南拳(岭南武术)等,是南方武术文化的重要组成部分。

民间工艺:牙雕、玉雕、粤绣(广绣、潮绣)、端砚、石湾陶塑、广州彩瓷等。

音乐舞蹈：粤剧、曲艺（含南音、粤曲、龙舟歌、木鱼歌）等地方文化艺术。

建筑艺术：金漆木雕等，是岭南建筑精髓的体现。

农业文化：蚕桑丝织技艺。

宗教文化：南佛（佛教在岭南的传播历史和文化），以及岭南道家文化。

民俗文化：南狮（岭南舞狮文化）、龙舟竞渡等。

这些文化遗产不但丰富了岭南地区的文化内涵，而且成为对外展示中华文化的重要窗口。比如农业文化中的香云纱染整技艺（晒莨），是采用植物染料薯莨为丝绸染色的一种工艺。香云纱是世界纺织品中唯一用纯植物染料染色的丝绸面料，被纺织界誉为"软黄金"，如图7-5所示。关于香云纱染整技艺，唐代已有相关记载。明代永乐年间，广东莨纱已经出口到国外，清末民初生产的莨纱更是受到国内外市场的欢迎，20世纪20年代进入鼎盛时期。

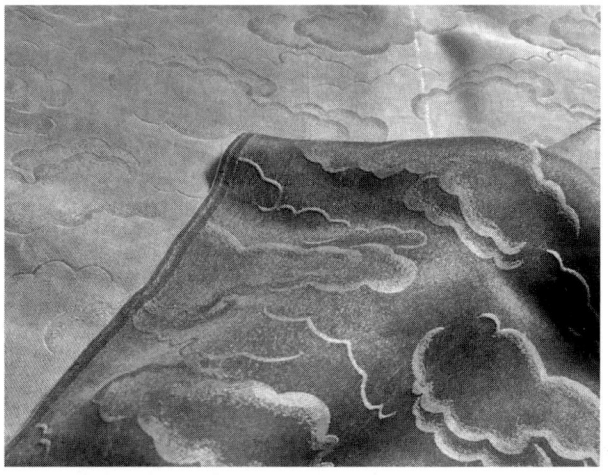

**图7-5　顺德香云纱**

图7-6展现了香云纱"沉彩"系列包具，灵感来自香云纱独特的传统工艺，并与现代审美结合，应用于五个小包。香云纱的瑰丽色彩来自广东特有的薯莨汁水，通过工匠数番搓洗、浸染，每一根丝线都已打上当地的烙印。当然，河泥在这场华丽的变身中至关重要。在河泥的共同作用下，香云纱沉静之中，光彩立现。因此，本系列产品得名"沉彩"。"沉彩"系列产品的调性是古朴中带着动感与艳丽。传统香云纱的色彩相对比较暗沉，而"沉彩"系列产品在香云纱原有特点的基础上，将色彩与图案结合，呈现出更为

活泼、艳丽的一面。

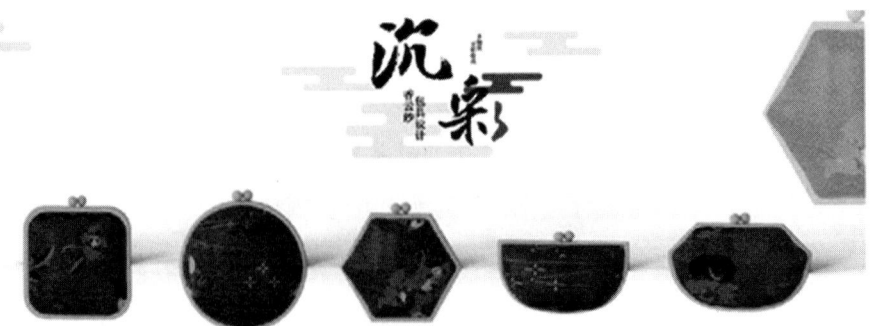

图7-6　沉彩系列包具（作者：钱嘉昕、赵晔莹）

图7-7展现了《天下3》主题香云纱时装。

一素香云入梦来，非遗传承翻新篇。《天下3》是网易推出的一款网络游戏，其携手华南农业大学艺术学院金憓教授，以香云纱为主题，将传统技艺结合现代元素，推出主题时装——"香云入梦"。在线下，金憓以匠心制作实体服饰为游戏角色呈现最奢华的传统文化之美；在线上，以动捕技术在游戏内为游戏角色还原香云纱最真实的质感。通过虚实相融，设计团队让游戏角色全面呈现香云纱的特殊美感。

据金憓教授介绍，她的团队希望把香云纱打造成真正的中国面料。但香云纱的推广目前也面临着问题：一是其颜色比较暗沉，会让很多年轻人觉得老气；二是价格比较高昂，导致受众群体比较窄。

为了让香云纱这种非遗文化瑰宝得以继续发展，而不是"躺"在博物馆里，该团队做出了很多尝试。一方面，团队将香云纱与其他面料相融合，并加入很多时尚元素，让它变得更加时尚。另一方面，团队也在考虑能否将香云纱和当代科技手段相结合，比如智能穿戴。这次香云纱与《天下3》游戏的联动也是一次创新性开发。《天下3》作为一款拥有国风背景的游戏产品，一直以来致力于向当代年轻人输送中华优秀传统文化，为传承中华优秀传统文化贡献一份微薄之力。游戏方选取香云纱作为游戏角色服装的材质，本意也是想扩大其在年轻人中的知名度，希望更多的年轻人能更加了解我国已延续了千百年的传统手艺。①

---

① 一素"香云"入梦来，《天下3》携手金憓教授推出香云纱非遗主题时装！［EB/OL］.（2021-10-22）［2024-03-05］.https://ol.3dmgame.com/news/202110/32786.html.

第七章　国潮与湾区文化创意产品设计

图7-7　《天下3》主题香云纱时装

# 第四节 面向未来的文化创意产品设计

在文创产品设计中,将文化基因与科技融合可以很好地改善设计效果。利用先进的虚拟现实技术,通过计算机建立文创产品的基本模型,能够帮助我们拓展思维,使设计效果得以直观呈现。我们通过利用新技术,可以及时修复设计方案存在的问题,更好地实现文化与产品的完美结合。同时,设计师需要具备足够的创新意识,重视文创产品的品牌效应,通过科技提升产品的性价比,使科技进步、文化传承与地区经济发展协同并进。如今,人工智能技术与创意的结合,催生了一种全新的设计方式——AIGC辅助设计。相关的创新工具正为文创产品设计注入新的活力,带来无限可能。

## 一、AIGC:开启文创新时代

人工智能技术为内容生成方式的革新提供了动能,为内容生成与管理开拓了更大的探索空间,快速生成、创造资源、敏捷创意、集成创新等先进的内容生成系统和内容生成管理模式,极大地丰富了内容生成的内涵,从而推动人们迈向人工智能生成内容（Artificial Intelligence Generated Content,AIGC）的新征程。AIGC工具利用人工智能技术,自动生成文本、图像、音频、视频等多种形式的内容。在文创领域,AIGC技术的应用为设计师提供了全新的创作思路和工具,让设计过程更加高效。

## 二、AIGC辅助设计:提升文创产品质量

AIGC辅助设计工具通过机器学习和大数据技术,能够快速地生成大量创意内容。这种辅助设计工具不仅提高了设计效率,还能够在一定程度上避免设计师在创作过程中出现思维局限。同时,AIGC辅助设计工具能够根据用户需求和市场趋势,提供有针对性的创意方案,进一步提升文创产品的质量和市场竞争力。2021年之前,AIGC工具生成的主要是文字,而新一代模型可以处理的内容格式包括:文字、代码、图像、音频、视频等。生成式人工智能和大语言模型持续演化,在创意、表现力、迭代、传播、个性化等方面,充分发挥技术优势,使AIGC工具呈现出内容类型不断丰富、内容质量持续提升、技术的通用性

逐步增强等趋势。AIGC工具的商业应用趋于主流化，涌现AI绘画、AI对话等应用形式，支撑电商、广告、影视等领域的内容需求。

### 三、AIGC与文创产品的融合：激发创新活力

AIGC工具不仅能为设计师提供灵感，还能直接参与文创产品的设计和生产。例如，利用AI技术对传统文化元素进行数字化处理，结合现代审美和科技手段，打造出既具有传统文化底蕴又富有现代感的文创产品。此外，通过AIGC技术，消费者也能参与文创产品的设计和制作，从而使文创产品更加贴近市场需求和消费者喜好。AIGC不仅对现有的内容生成进行计划、组织、协调与控制，还会根据受众的特征参与内容分发。例如，程序化创意（programmatic creative）技术由数据和算法驱动对广告创意内容进行智能制作，实现创意的大批量生成。它基于动态创意优化（dynamic creative optimization）技术，通过实时的效果反馈即时调整文创产品元素，即通过不断迭代，以匹配不同的文创产品使用环境。

### 四、挑战与展望：AIGC辅助设计的未来发展

虽然AIGC辅助设计为文化创意产业带来了巨大的发展机遇，但相关技术与工具的应用也面临着一些挑战。首先，保证AI生成内容的原创性，是亟须解决的关键问题。其次，人工智能技术的快速发展对传统设计师的创作能力提出了更高的要求，设计师需要不断更新自己的创意和技能，以适应新的设计环境。

图7-8是澳门科技大学的彭亮教授参观"技臻于美——威廉·莫里斯与英国工艺美术运动"展览后，用AI绘画工具重新设计的壁纸、瓷砖、花布等。

图7-8 利用AI绘画工具设计的产品

未来，随着AIGC技术的不断进步和应用领域的拓展，文化创意产业将迎来更加广阔的发展空间。我们有望看到更多富有创意和个性的文创产品，它们可以满足消费者多样化的需求。同时，借助AIGC技术，我们也能够更好地挖掘和传承传统文化，让其在现代社会中焕发新的生机与活力。图7-9是利用AIGC技术设计的产品效果图。

AIGC辅助设计正引领文化创意产业进入一个全新的时代。通过技术的不断创新和完善，我们有理由相信，AIGC将在未来为文化创意产业的发展带来更多惊喜和可能性。未来人类不光要懂得人与人如何协作，更要重视人与机器如何协作、人机的沟通能力，才能最大限度地发挥主观能动性。设计人员和消费者都应积极拥抱这一变革，利用新技术推动文化创意产业的繁荣与发展。

图7-9　利用AIGC技术设计的产品

**作业：**

1.为自己的学校设计一款文创产品，做相应的文创产品设计构思，需要体现学校的精神或办学特色。

2.思考如何将本土的文化元素融入你为学校设计的文创产品中，并突出国潮特色。

**延伸阅读：**

1.张明瑟.国潮设计——在日用家常中彰显文化意蕴[N].人民日报,2022-03-25(20).

2.三星堆博物馆[EB/OL].[2024-03-05].https://www.sxd.cn/.

**参考文献：**

1.龚思颖,黎小林.元宇宙场域下AIGC赋能广告的原理与实现路径[J].现代广告,2023(14):12-18.

2.方建松.岭南文化基因植入下的文创产品设计研究[J].艺术家,2019(3):57-58.

3.向勇,陈乐洋.文化基因视域下新国潮品牌的承续、创化与赋能[EB/OL].(2022-03-20)[2024-03-05].https://www.cnacs.net.cn/14/202203/4138.html.

# 第八章
# 湾区文化创意品牌管理与营销

**本章要点**

了解湾区高校、企业在文创产品设计方面的具体实践情况与经典案例。

## 第一节　粤港澳大湾区文化创意设计活动

近年来,粤港澳大湾区开展多项文化创意设计大赛与博览会,本节介绍几个代表性活动,它们对于推动湾区的文化创意产业发展起到很大的作用。

### 一、中国（深圳）国际文化产业博览交易会

中国（深圳）国际文化产业博览交易会（以下简称"文博会"），由中共中央宣传部、文化和旅游部、商务部、国家广播电视总局、中国国际贸易促进委员会、广东省人民政府和深圳市人民政府联合主办。文博会会徽与吉祥物如图8-1所示。

文博会每年5月或6月在深圳举行。文博会是中国国家级、国际化、综合性的文化产业博览交易会，它以博览和交易为核心，全力打造中国文化产品与项目交易平台，促进中国文化产

图8-1　文博会会徽与吉祥物小水滴"文鹏"

业发展,积极推动中国文化产品走向世界,被誉为"中国文化产业第一展"。

文博会会徽形态解析:博览的舞台,交易的纽带。"文"字体现中华民族博大精深的悠久历史。"SZ"的缩写体现深圳这个国际化大都市包容的宽大胸怀。领舞的红旗象征文博会的指导思想和文化产业的前进方向。舞动的彩带则表现了文博会是文化产业沟通、交易的纽带。螺旋上升的造型,形象地说明文博会一定会成为国际文化的盛典、百姓的节日和深圳高扬先进文化的城市名片。

吉祥物小水滴又名"文鹏",意为"文化鹏城"("鹏"为深圳的简称)。"文鹏"也寓意"鹏程万里",体现滨海城市深圳的独特风情。积小流成江海,海纳百川,万物相融,代表着文博会及其举办地深圳的宽广胸怀;上善若水,水,象征着无所不至的创新;仁者乐山,智者乐水,水也代表着先进文化。

2023年第十九届文博会以线下为主、线上同步的方式举行,主会场设在深圳国际会展中心,共6个展馆,总展览面积达12万平方米。云上文博会平台按照展馆展区分类展示文化产品和项目,利用全景拍摄技术模拟线下展示场景,将线下展览内容在云上平台进行同步展示,并强化网上交易功能,打造永不落幕的"数字文博会"。文博会文化产业招商大会强化招商引资和投融资功能,面向全国广泛征集文化产业投融资项目,通过线上线下平台持续推广,项目总成交额34.2亿元,再创历史新高。

## 二、广州、香港、东莞、珠海的设计周活动

（一）广州设计周

广州设计周是中国第一个设计周,2006年在广州市政府主导下诞生,2007年获国际三大设计组织联合认证,发展至今已成为亚洲知名设计产业盛会。广州设计周始终专注于设计师群体的成长赋能和渠道价值开发,秉承"伙伴天下"的运营理念,历经十几年创新发展,目前已建立超过30个国家、200座城市的广州设计周合作伙伴网络,发起举办了一系列国内领先、国际知名的设计展会、奖项、论坛和游学活动,是中国乃至全球设计师发现灵感、激发思维、展示成果的重要平台。广州设计周的徽标如图8-2所示。

从诞生至今,广州设计周坚定地提出"以商业化推广设计"的运营法则,首创了诸如"365+4(天)""设计+品牌""设计驱动型品牌孵化器"等一系列设计推广与品牌营销活

动中独有的B2B商务运营模式,已成为目前国内外设计师群体及与其关联的开发商、制造商、品牌商、渠道商等专业群体之间精准且有效的需求互动营商平台,亦是极具价值的设计产业资源和文创美学内容运营平台。

图8-2 广州设计周徽标

广州设计周通过每年的设计展会、遍布全国上百座城市的上千场路演活动,会聚近百万甲方业主、设计师、工程商、渠道商、媒体人等专业人士进行互动交流,累计直接覆盖的设计产业上下游资源专业人士超1 000万人。凭借"365+4(天)"全年无休运营模式,广州设计周每年活动足迹遍布全国近200座城市以及海外重点国家和地区,其间直接和间接带动的商贸合作经济价值巨大。仅2021广州设计周展会筹备和举办期间给广州带来消费价值超过10亿元,直接和间接带动泛家居行业的商贸价值保守估计超过百亿元。广州设计周孵化了诸多奖项、大赛与评选活动等,包括40 UNDER 40中国设计杰出青年、HCA高定家居设计奖、家装中国设计百强、NCA新商业空间大奖、IAF锋建筑节、名润榜、金住奖、她设计奖、亚洲酒店节、BDA包豪斯现代设计奖、亚洲青年设计之光、GRP中意国际设计金指奖、华语设计领袖榜、iS全球智能空间设计奖、可持续发展设计奖、中国设计星、当代住宅设计效果大赛、了不起的美好创享家、BOP星筑地产大奖、金案奖、CSA景观设计大奖、亚洲软装风尚大奖、LHDA原点奢居设计大奖、IDD中国设计100榜等。广州设计周的重要会议有IDF国际设计论坛、中国新地产设计大会、致敬华语设计这些年、N3年度大会、ICS国际色彩设计大会、世界青年设计师论坛等。

十几年来,广州设计周走出了一条从唤醒全社会"赢在设计""设计创造价值"的公共意识,到吹响全行业"为中国设计发声"进军号角的蓬勃发展之路。立足当下,着眼未来,广州设计周希冀以"设计为民生"为价值观,以"当代人居生活美学策源地"为愿景,以"专业化、国际化、多元化、社会化"为运营特色,着力实现"设计驱动产业升级,产业成就美好生活"的目标与使命。①

**(二)香港设计营商周**

自2002年以来,由香港设计中心主办的设计营商周一直是设计界的年度盛事,其全

---

① 广州设计周[EB/OL].[2024-03-05].https://www.gzdesignweek.com/.

面探索设计、创新及品牌趋势,会聚香港及海外的精英设计师和企业家,与全球观众分享真知灼见,推动与设计及创新价值相关的讨论,并创造商业合作机会。作为香港特区政府策略伙伴,推动社会更广泛和更具策略性地运用设计,推动香港成为亚洲设计之都。香港设计营商周徽标如图8-3所示。其旗舰项目有:设计智识周(KODW)、DFA设计奖、设计/时装创业培育计划等。图8-4展示了香港设计营商周上举办的"再度时尚"展览。

图8-3　香港设计营商周徽标

图8-4　香港设计营商周上举办的"再度时尚"展览

香港设计营商周每年均吸引来自设计、商界、教育界的权威人士参与,就全球最关注的议题举办不同类型的精彩活动,包括展览、国际论坛及一系列设计外展活动,为业界提供交流、互动、引发创意及建立网络的平台。2023年11月23日到12月17日,香港设计中心掀起了创意狂潮,一系列设计活动在香港展开,包括:"光影艺术祭·设计漫游"电影节、"设计可以——传·循环设计展"、DutchInspire动态设计展示、DFA设计奖颁奖典礼、DFA设计奖2023展览、时尚未来论坛、亚洲十大焦点设计师时装展览、大湾区创意之夜、"再度时尚"展览以及设计营商周峰会。2023年首次举办的大湾区创意之夜,是集结香港设计业界的盛会,引领创意潮流。近400位来自大湾区的业界翘楚及精英齐聚香港设计中心的设计及时装基地。这一系列设计活动展现出香港是一座充满创意和设计力量的城市。从商业到时尚,从电影节到可持续发展,丰富多彩的活动为我们带来了源源不断的灵感和启发。

设计的力量是无穷的,它可以改变我们的生活、启发我们的思维,并推动社会的进步。香港设计中心将继续打造香港创意和设计界的年度盛事——设计营商周。①

（三）东莞国际设计周

2019年,东莞国际设计周在东莞市人民政府主导下应运而生。它将设计与大家居产业相融合,围绕全屋整装定制,打造"设计+大家居"商业价值实现平台,同时打造产业资源整合、产业设计对接、设计价值转化及设计人才聚集的产业赋能平台。它由国际名家具（东莞）展览会组委会发起,举办时间为每年的8月18日—21日。2024东莞国际设计周海报如图8-5所示。

2023东莞国际设计周暨第50届国际名家具（东莞）展览会于2023年8月21日闭幕。据统计,本届展会共接待专业观众近十万人。七大主题馆,1 000多家参展企业,100多场行业活动让本届设计周精彩纷呈。当中国首个世界级家具产业集群与泛家居资源融合,当家居、设计、建筑、定制、软装、材料、露营、潮玩等不同的元素"玩"在一起,设计周及展会以制造与设计的双重视角,实现了"家具潮·东莞造",揭示了行业的多个未来"潮"向。

图8-5　2024东莞国际设计周海报

---

① 设计营商周[EB/OL].[2024-03-05].https://2023.bodw.com/zh-cn/about.

观众在展会现场可以看到,除了现代、简约等风格产品之外,还有侘寂风、轻奢、现代中式等潮流产品。显然,大家居多品类集成已经成为东莞国际设计周的显著趋势。成品家具中的实木家具、功能沙发依旧是主流;整家定制的系统化、一体化,则是企业转型升级的新赛道。材料、软装、户外潮玩等细分品类的入局,让围绕生活美学、生活场景的设计更加"套系化"。

2023东莞国际设计周,不仅是家居合作、交流、交易的大平台,更是泛家居领域无界融合的大舞台。在这里,有超千人规模的设计盛宴——创造者之夜,设计师和"家具佬"在一起欢聚、叙旧;还有各类行业活动和设计论坛:2023大家居色彩设计创新与应用论坛、"创意出发 创造抵达"设计驱动家居新智造暨"东莞奔跑计划"主题论坛、城市理想家2023居住空间趋势分享会、"说大宅·道生活——探索未来空间新趋势"主题论坛、家居行业可持续发展与价值创新主题论坛、"康养家居未来趋势"设计供需论坛、广东省各地装饰行业兄弟协会2023联谊会、米其林研学之旅等,设计师与家居品牌的精英、企业家进行深度联动。世界家具联合会主席、中国家具协会理事长徐祥楠指出,培育世界级先进制造业集群,是中国从制造大国迈向制造强国,构建双循环格局的必由之路。东莞是中国对外开放的重要窗口,为形成全球家具行业的制造、贸易、创新中心奠定坚实基础。东莞国际设计周从国际名家具展25年的办展经验中脱胎换骨,根植于世界级家具产业聚焦地,用跨圈的思维,洞察赋能,引领家居创新的新赛道,向家居产业未来新高地进发。①

### (四)珠海国际设计周

珠海国际设计周由珠海市人民政府指导,珠海华发集团、北京歌华集团、香港设计总会、澳门设计中心联合主办,以"设计创新驱动产业升级"为重要使命,旨在建立一个集交流、推广、展示、教育于一体的国际平台。2018年首届珠海国际设计周徽标如图8-6所示。珠海国际设计周展示了粤港澳三地的前沿设计理念和新产品,让一批设计领域的合作项目签约落地。随着粤港澳三地在设计领域产学研方面的进一步深度融合,"设计力"正为大湾区产业转型升级注入新动能。

图8-6 首届珠海国际设计周的徽标

中央美术学院教授、珠海国际设计周学委会学术召集人王敏认

---

① 3F名家具展[EB/OL].[2024-03-05].https://www.gde3f.com/about/007001.html.

为,通过设计领域的高质量发展来提高产品附加值、重塑区域价值链,将是实现粤港澳大湾区由"制造中心"向"智造中心"、由规模化生产向精细化和品质化生产转变的必由之路。

珠海设计周的使命是"设计创新驱动产业升级",力求打造一个助力湾区设计的赋能平台。

自2018年首届活动举办以来,珠海国际设计周已累计吸引来自20多个国家和地区的千余名各界专家和资深人士齐聚珠海、跨界交流,并吸引了近200家参展机构、超过几十万人次观众到场观展,成为粤港澳大湾区一张闪亮的"设计名片"。珠海国际设计周连续举办,为一衣带水的珠澳两地在相关行业建立更紧密合作拓展了广阔空间,珠海市设计中心、珠澳设计中心也应运而生。①

### 三、粤港澳大湾区文化创意设计大赛

粤港澳大湾区文化创意设计大赛(图8-7)由广东省文化和旅游厅、珠海市人民政府主办,承办单位有珠海市文化广电旅游体育局、香港特别行政区政府文化体育及旅游局、澳门特别行政区政府文化局、粤港澳大湾区(广东)文创联盟,支持单位包括中央人民政府驻香港特别行政区联络办公室宣传文体部、中央人民政府驻澳门特别行政区联络办公室宣传文化部;学术指导单位为故宫文化创意研究所,大赛每年在珠海举行。

图8-7 粤港澳大湾区文化创意设计大赛徽标

粤港澳大湾区文化创意设计大赛紧跟国家发展脚步,坚持发挥独特区位和政策优势,综合利用大赛影响力,设置乡村振兴主题设计赛道,聚焦文旅结合,助力乡村振兴。该文创大赛以"创意改变生活·文化提升品位"为主题,以推动中华优秀传统文化传承传播为宗旨,征集了文博创意产品、非遗创意产品、文化旅游类创意产品三大类文创设计。大赛通过投资机构与文创项目之间的合作交流,为文创项目融资创造机会,促进大赛成果转

---

① 珠海国际设计周[EB/OL].[2024-03-05].https://10000deg.com/a/2020zhsjz/index.html.

化。未来,珠海将持续打造粤港澳大湾区文化创意设计大赛成果的商业应用平台,建立长效对接机制,实现设计成果与市场的有效对接,逐步形成由粤港澳大湾区辐射世界、极具影响力的文化创意设计品牌赛事及文创设计成果转化交流交易平台。大赛始终重视文创成果转化,为优秀文创设计项目提供展现机遇,搭建创意设计与资本、市场的对接桥梁,共同推动文创领域的发展。大赛海报如图8-8所示。

图8-8 大赛海报

获得首届粤港澳大湾区文化创意设计大赛文博创意产品设计一等奖的作品《家"荷"万事兴——澳门荷花茶具》令评审专家眼前一亮,创作者从澳门特区区徽得到灵感,创作了这套荷花茶具。大赛实现了设计者和使用方、公司与个人的连接,文化创意设计不再停留在纸上,而是真正能够实现落地。这件作品通过校企合作的模式落地生产,销售额约40万元。[1]

## 四、全球AI文创大赛(GAAC)

随着人工智能技术在全球范围内的迅速兴起和发展,为更好地推动人工智能在产业中的应用,推动文创行业产业链科技升级,清华大学文化创意发展研究院、清华大学人工

---

[1] 粤港澳大湾区文化创意设计大赛[EB/OL].[2024-03-05].https://www.gbawcsjds.com/.

智能研究院、艺评网、英诺天使基金、西樵山书院等共同发起"全球AI文创大赛（GAAC）"。大赛旨在通过AI技术与文创、艺术创作的跨界融合，挖掘AI文创的全面落地场景，赋能新文创，激发新活力。

2021年起，全球AI文创大赛永久落户广东省佛山市南海区。2022年，以大模型预训练为基础的新一代颠覆性影响的人工智能技术迅速发展，推动了自然语言处理、计算机视觉等领域快速发展，掀起了行业浪潮，开启了大模型迈向通用智能的时代。以此为契机，2023年，第四届全球AI文创大赛基于人工智能技术进展，探索人工智能技术在各行各业的应用创新和正向发展，促进人工智能在制造业和城市转型升级的广泛应用，以AI新技术服务产业升级，助力城市数字化转型。同时以大赛为基础，主办方在南海进一步推动AI产业园、AI产业促进中心、AI产业创新生态联盟，力争将南海打造成为AI大模型应用创新中心。

第四届全球AI文创大赛紧跟人工智能技术发展浪潮，发挥领投机构作用，特设置四个赛道：产业应用创新主赛道，AI+南海主题创作专题赛道，ChatGLM大模型创新开发专题赛道，南海青少年AI+无人车邀请赛。其中，产业应用创新主赛道概况如图8-9所示。

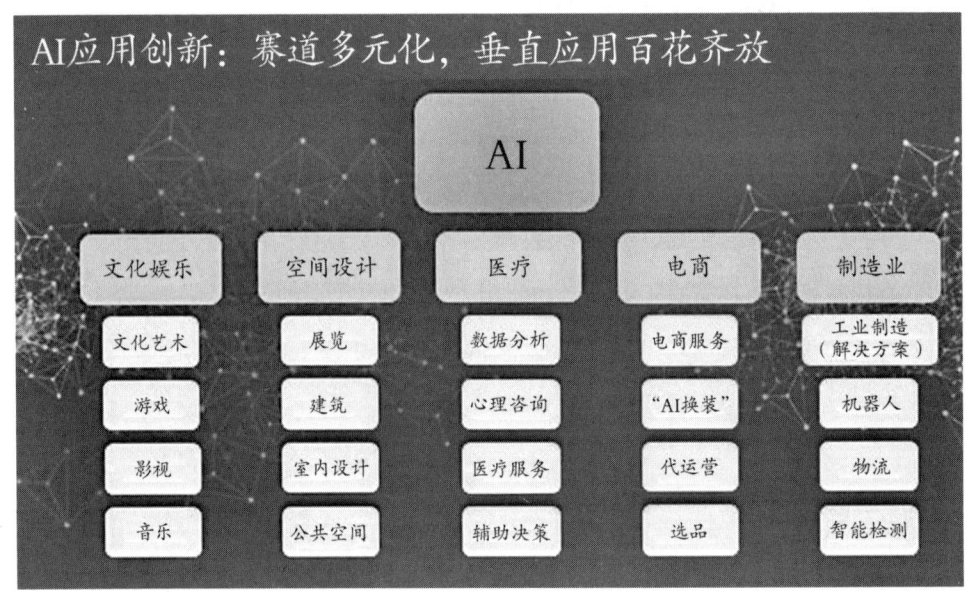

图8-9　产业应用创新主赛道概况①

---

① 第四届全球AI文创大赛启动，4个赛道，快来报名！［EB/OL］.（2023-05-28）［2024-03-05］.https://baijiahao.baidu.com/s?id=1767092992075883933&wfr=spider&for=pc.

# 第二节 湾区高校文化创意产品案例

湾区多所高校开设多个文化创意相关专业,各个高校也都通过文创设计展示自身形象,下面主要从广东财经大学、广州美术学院、香港理工大学、澳门科技大学等高校的文创产品或学生作业进行案例分析。

## 一、广东财经大学的文创产品案例

广东财经大学坐落于千年商都、海上丝绸之路的东方起源地——广州,是博士学位授予单位,广东乃至华南地区财经政法人才培养高地、现代服务业与社会治理创新发展研究重地,教育部新商科智慧学习工场(2020)(A)项目试点院校,广东省"冲一流、补短板、强特色"提升计划建设高校,广东省依法治校示范校,广东省大学生创新创业教育示范校,广东省深化新时代教育评价改革试点校,广东省"绿色学校"。

建校以来,广东财经大学始终与国家和民族同呼吸、共命运、心连心,以"人才梦"托起"广财梦",践行"厚德、励学、笃行、拓新"的校训,秉持"习礼乐文,精于术业"的办学理念,彰显"商法融合、实践创业、多元协同"的办学特色,为国家培养了一大批具有良好思想道德、科学精神、人文素养、专业知识和国际视野的应用型、复合型、创新型高级专门人才。经过40年的发展以及全体师生的不懈奋斗,学校已经建设成为一所学科特色鲜明、师资力量雄厚、办学效益显著、社会影响力和知名度较高的财经类院校,并确立了建设大湾区一流财经大学的发展新目标。

以下为广东财经大学师生的文创作品。

### (一)《广财形象》

**作者:**刘楠俊(广东财经大学湾区影视产业学院2020级学生)

**指导老师:**乔国玲

**设计说明:**一群生活在广东财经大学校园内、悠然自得的鸭子成为学生们心中的非正式吉祥物。为了进一步提升校园文化特色,塑造校园品牌形象,作品《广财形象》(图8-10)的设计者设计一系列以鸭子为主角的校园形象插画。该作品结合广财校训"厚德、励学、笃行、创新",打造诙谐幽默又富含文化底蕴的校园形象。

设计者以小黄鸭为原型设计校园吉祥物插画。鸭子身着代表校训元素的服饰，置身于校园地标前，系列插画色彩鲜明，风格亲和，旨在通过鸭子形象传递广财精神，提升校园品牌形象，增强师生情感联结，营造积极向上的校园文化氛围。

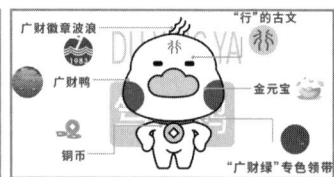

图8-10 《广财形象》

## （二）《信仰战歌·起义者》漫画绘本之《张太雷篇》《游曦篇》

**作者**：于博雅、林钰旋、刘淑（广东财经大学艺术与设计学院2018级学生）

**指导老师**：汪欣

**获奖情况**：第二届铸剑杯·纪念人民军工创建九十周年文化创意大赛学生组全国决赛一等奖

**设计说明**：革命先烈为信仰而战，为信仰而牺牲，为人民的幸福而战。这是以两位烈士的英勇事迹为内容的漫画故事绘本。本设计旨在让3-8岁的青少年了解广州起义中的英雄故事，传递革命先烈们为中国革命事业英勇斗争、不畏牺牲的红色精神，如图8-11所示。

第八章 湾区文化创意品牌管理与营销

图8-11 《信仰战歌·起义者》漫画绘本设计

（三）"小小文旅家"小程序设计

**作者：** 张雄辉、张振东

**指导老师：** 龚思颖

**获奖情况：** 第九届全国高校数字艺术设计大赛省赛决赛二等奖

**设计说明：** "小小文旅家"小程序以广东孝贤之乡——江根村为设计原型，主要有五个功能模块："云讲解""AI智能识别导览""美食推荐""觅店""藏宝阁"。设计采用贴近中国古风的视觉效果，运用手绘线条、楷体书法、古朴的牛皮纸色和红黑配色，与古村落相匹配，增强用户使用沉浸感体验，如图8-12所示。

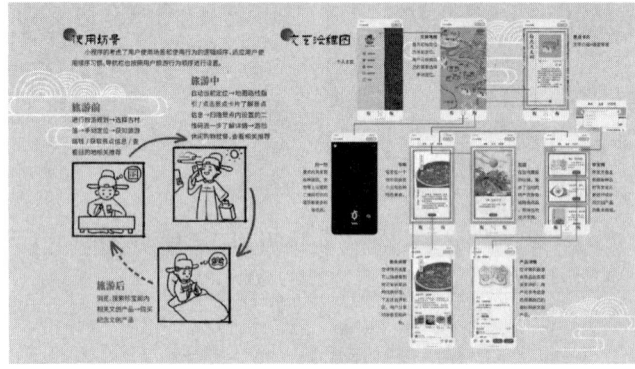
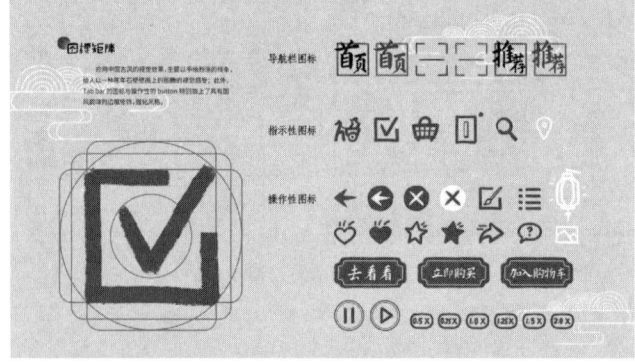

图8-12 "小小文旅家"小程序设计

## 二、广州美术学院的文创产品案例

广州美术学院的前身是中南美术专科学校，1953年中南美术专科学校由武汉南迁至广州，更名为广州美术学院。学校现有美术学、设计学2个一级学科博士学位授权点，艺术学理论、美术学、设计学3个一级学科硕士学位授权点，以及艺术、风景园林、文物与博物馆、教育4个专业学位硕士授权点。

经过70多年的发展，广州美术学院形成了把握时代脉搏，关注社会需求，以美术与设计创新能力培养为重点，以艺术学理论与人文教育为支撑，多学科交叉融合，产学研联动，主动为社会和经济发展服务的办学特色，提炼出"先学做人，再事丹青"的校训。

步入新时代，广州美术学院依托广东作为改革开放排头兵、先行地和实验区的优势，立足粤港澳大湾区，凭借历史、区位、经济发展、文化资源以及人才会聚的多方面优势，在粤港澳大湾区美术和设计教育领域发挥龙头引领作用，以高起点、新作为推进人才培养、科研创作，以高质量发展更好地为新时代社会发展提供人才和智力支撑。

### （一）北京冬奥会吉祥物冰墩墩

**作者：**曹雪设计团队

**设计说明：**2019年9月17日，在首钢冰球馆，2022年北京冬奥会吉祥物冰墩墩（图8-13）揭开面纱，本届冬奥会的筹办又迎来了一个重要的里程碑时刻。

冬奥会吉祥物冰墩墩形象敦厚、健康、活泼、可爱，象征着冬奥会运动员强壮的身体、坚忍的意志和鼓舞人心的奥林匹克精神。冰墩墩以熊猫为原型进行设计创作。将熊猫形象与富有超能量的冰晶外壳相结合，体现了冬季冰雪运动和现代科技特点。头部外壳造型取自冰雪运动头盔，装饰彩色光环，其灵感源自北京冬奥会的国家速滑馆——"冰丝带"，流动的明亮色彩线条象征着冰雪运动的赛道和5G高科技；左手掌心的心形图案，代表着主办国对全世界朋友的热情欢迎。冰墩墩整体形象酷似航天员，寓意为创造非凡、探索未来，体现了追求卓越、引领时代，以及面向未来的无限可能。冰墩墩是由广州美术学院团队设计的作品，经过严格评审，从全球近

图8-13 2022年北京冬奥会吉祥物冰墩墩

6 000件参选作品中脱颖而出,正式被确定为2022年北京冬奥会吉祥物。冰墩墩2022年入选"2021十大年度国家IP"。冰墩墩的设计草稿如图8-14所示。

图8-14 "冰墩墩"的设计草稿

## （二）MixMix异世食街（桌游设计）

**作者：** 吴祺、杨潍宁

**指导老师：** 李丹丹

**设计说明：** 当下网络信息多样化，网红美食为了博取关注，开始朝着"怪""天马行空""出格"的食物风格发展。有些商家甚至为了满足视频传播的需求还推出一些能"玩"的网红美食。比起口味，这类网红美食更为侧重的要素是视觉化和娱乐性。基于对这种现象的思考，在李丹丹老师的指导下，吴祺、杨潍宁围绕网红美食的"怪"现象来完成她们的作品。

这个作品通过桌游的形式，呈现近年新时代网络媒体传播方式下涌现出来的新式美食文化现象，并通过艺术化的处理向观众表达出设计者在面对这种饮食文化现象的洞察。经过调研，设计者发现，大部分网红美食的奇特感，都是通过融合很多不同风格元素的食材或者包装来达成的。于是设计者采用差异较大的食材卡牌组合配对的方式，形成的特色食物来体现"融合"这一核心概念。MixMix异世食街设计图如图8-15所示。

图8-15　MixMix异世食街

## （三）"云游升平"设计

**作者：** 孙东欣、尹路、梁炜斯、曹可慧、许婉萍、陈逸思、彭韬、梁芮、黄悦容、蔡少玲、郭峰睿、刘欢

**指导老师：** 王朝虹、马良华、曹瀚

**设计说明：** "云游升平"设计是广州美术学院美术教育学院在"和地在创"项目组织下进行的社会实践。"和地在创"项目旨在以艺术介入社会的方式实现对湾区社会成员的审美教育，以社区艺术营造的手段提升区域艺术氛围。广州美术学院美术教育学院的学生们通过实际到社区的调研和收集资料，对升平的社区文化做了"讲古仔"和"万福升平文创产品"的设计（图8-16）。

社区的历史故事是社区文化的根基和源泉，它们记录了社区的起源、发展和演变过程，承载着社区的集体记忆和身份认同。因此，在建立社区文化自信的过程中，追溯当地历史故事是非常重要的。为了搭建起居民之间的沟通桥梁，设计者最终选择用近年较为流行的"打卡"模式去活化升平文化、讲好升平故事。大良鱼灯文化作为大良升平社区的独特非物质文化遗产，与社区的历史故事密切相关。鱼灯非遗文化是在社区历史中逐渐形成和传承的，它融合了当地人民的智慧、劳动和艺术创造，代表了社区的文化特色和精神风貌。设计者希望通过对鱼灯文化进行视觉包装，帮助社区居民和外来租客更加深入地了解自己所居住的社区，增强对社区的归属感和认同感。同时，设计者也希望通过吸引外地游客，促进社区内外人员之间更紧密的关联和互动，让地方故事走进大众视野，促成社区文化弘扬发展，为当地文化产业创造更多可能性。

在高强度的工作之余，适当"摸鱼"（放松）其实更有利于人们持续性高质量产出，"摸鱼"不等于摆烂，它展现了自我调整的积极心态。用创新合字的方式来进行表达也是希望赋予"摸鱼"全新的概念。

通过编写"云游升平"小程序与制作文创装置，设计者希望为活动参与者提供简单易懂的故事、小知识以及交互体验，并通过鼓励用户与升平建筑合影，提升参与者的社区认同感。

图8-16 "云游升平"文创作品装置

## 三、香港理工大学的文创产品案例

香港理工大学是一所位于香港特别行政区的公立综合性研究型大学。它是香港历史最悠久的大学之一,可追溯至成立于1937年的香港官立高级工业学院;1947年更名为香港工业专门学院；1972年成立香港理工学院；1994年学校更名为香港理工大学。

香港理工大学的科研以应用为本：与微软、波音、阿里巴巴、华为、国家电网等公司联合成立科研中心；与剑桥大学、清华大学、北京大学等院校进行学术及教学合作；为欧洲航天局、俄罗斯联邦航天局、中国的探月工程及火星探测计划研发太空仪器。学校开设的多门全日制学士学位课程为香港独有，包括设计学、工程物理学、环境与可持续发展、服装与纺织学、测绘与地理资讯、国际航运与物流管理学、医疗化验科学、眼科视光学、职业治疗学、物理治疗学和放射学。

香港理工大学设计学院自1964年建立以来即成为香港地区重要的设计教育与研究中心，并在香港乃至亚洲设计行业享有盛名。该学院立足于其连接东亚与欧美地区桥梁的特殊地理位置，帮助学生与研究者在设计领域建立独到的国际文化意识。该学院坐落于香港理工大学红磡校区内。学院拥有著名的建筑设计大师扎哈·哈迪德设计的赛马会创新楼，其中包括8个重要实验室，以及各类一流的设计工作室，为艺术设计与创作提供最先进的设施和环境。图8-17、图8-18展示了香港理工大学建校85周年纪念文创作品设计方案有奖征集活动中的入围作品与获奖作品。

图8-17　85周年校庆款手机壳（作者：Jacky Wong）

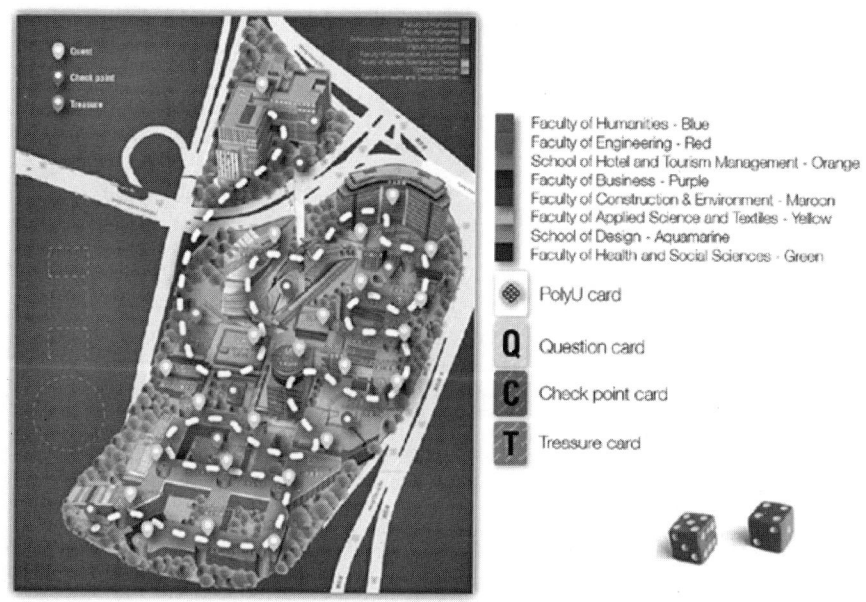

图8-18 理大桌游（作者：LUI Ka Wing、TSANG Yat Yin Olive、TSE Siu Kei）

## 四、澳门科技大学的文创产品案例

澳门科技大学是一所位于中国澳门的私立国际化综合性研究型大学。澳门科技大学是特区政府在澳门回归祖国之后批准创办的第一所国际化综合性研究型大学；2020年12月，广东省珠海市人民政府宣布，澳门科技大学将设立澳门科技大学珠海校区；2021年9月，中共中央、国务院印发的《横琴粤澳深度合作区建设总体方案》明确，高标准建设澳门科技大学的产学研示范基地。该校拥有博士、硕士、学士三级学位授予权，开设90个学位课程，授课语言以英语为主，部分课程以汉语、葡萄牙语、西班牙语授课。

2022年澳门科技大学人文艺术学院官网信息显示，学院提供人文社会科学领域多层次的课程，包括新闻传播学、设计学、美术学、电影学、建筑学、数字媒体、表演学等领域的5个学士学位课程，7个硕士学位课程，6个博士学位课程；学院设有澳门传媒研究中心、澳门世界遗产保护与发展研究中心；同时，学院还设有多个实验室和工作室，以保障实践培训。学院创立的目标是弘扬人文精神，培养有创意、有人文艺术素养，学贯中西的综合性人才。

图8-19展示了澳门科技大学的文创产品。

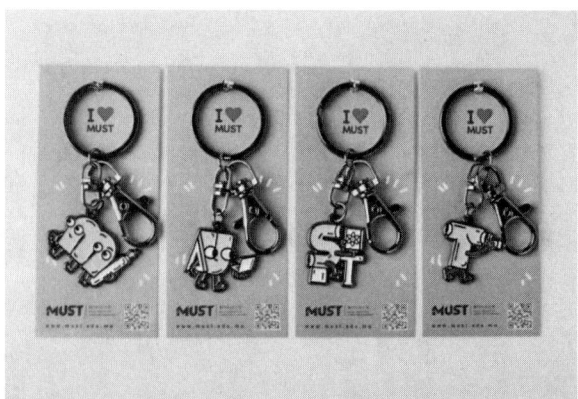

图8-19 澳门科技大学的文创产品

## 第三节　湾区文化创意企业品牌管理与营销

在全球知识经济的背景下,文化创意产业是实现经济加快发展的新增长点,并且其已成为改变世界的重要力量。粤港澳大湾区内文化创意企业众多,文化创意产业属于创新型业态,因此,其品牌的塑造必须明确该品牌区别于其他品牌独具优势的核心竞争力或核心价值。对于实现品牌的核心价值,产品的创作者要能用承载自己体悟的作品不断引发目标市场的认同与共鸣。一般来说,文化创意企业推进品牌建设的路径主要包括以下三个方面。

第一,产品设计中融入文化创意,提供新的观念价值。它主要是在结构、造型和色彩上迎合消费者的需求,是对产品的外观进行概念、定位,将诉求呈现于包装,结合产品特质和功效明确产品的集中服务对象,更快、更多、更好地满足消费者的各种需求。

第二,利用湾区独特的文化资源融入感情因素,赢得消费者认同。品牌的缔造需经历一个从质量支撑到文化支撑的过程,具有高品位文化含量的名牌产品,可以使消费者在享受产品本身物理价值时获得额外的心理价值,同时还可以有效形成一种存在时间长、不易被突破的竞争壁垒。

第三,加强营销策划,提升市场份额。一个企业应当意识到产品能否为消费者服务,消费者是否喜欢产品。产品是品牌最终的价值归属,只有产品是消费者喜爱的、需要的,品牌才会在无形中得到传播。

中国创意产业学者厉无畏指出:作为知识经济的核心,文化创意和科技创新,是提升产业附加值和竞争力的两大引擎,也是经济增长的双轮,要提高产业的附加值,既要靠科技创新,又要靠文化创意。湾区文化创意企业一定要建立以消费者为导向的现代营销意识,进而提升市场份额。下面列举湾区文化创意企业的产品案例供参考。

### 一、深圳市字在文化传播有限公司案例

深圳市字在文化传播有限公司成立于2014年,是一家以汉字生态为核心的文化综合服务商,其所创立的品牌"字在"诞生于2013年。该企业通过十年活字收藏,炼

造了该品牌的文化基石。"字在"依托庞大的活字收藏资源,搭建起传统与现代的桥梁,融合汉字艺术与现代设计,持续开发出数百款具有专利的字文化创意产品。同时,探索汉字产业化创新道路,主张以文化精神赋能产业生态,构建文化、艺术、产品、营销多维度的产业文创方法体系。"字在"以"有国家,有字在"为企业使命,传播中国汉字文化,唤起人们对中华文明的自豪感,让汉字之美成为日常。"字在"坚持诚信、精进、创造具有社会意义的客户价值为企业经营价值观,努力发展成为中国最好的文化企业。

2020年碧桂园与"字在"跨界携手,打造一款全新的面向大众消费者的精品笔记本——"日课2021",以汉字创意设计和汉字文本相结合,传递生活之美。"日课2021"产品以企业文化为核心,一年一主题,呈现包括企业的发展简史、创始人寄语、管理心得、员工心声等文化内容。设计风格简约雅致,颇受员工欢迎。

"日课2021"产品共两套,第一套包装设计以"福"字纹为主视觉元素,意喻"福满天下",笔记本封面设计以"起讫且稳"为主要元素,如图8-20所示。

第八章　湾区文化创意品牌管理与营销

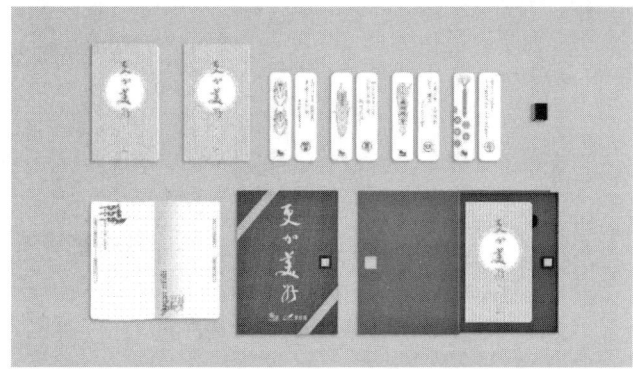

图8-20 "日课2021"第一套产品

第二套产品采用"更加美好"包装设计、"四季有花"封面设计,一年四季,福气满满,花团锦簇。如图8-21所示。

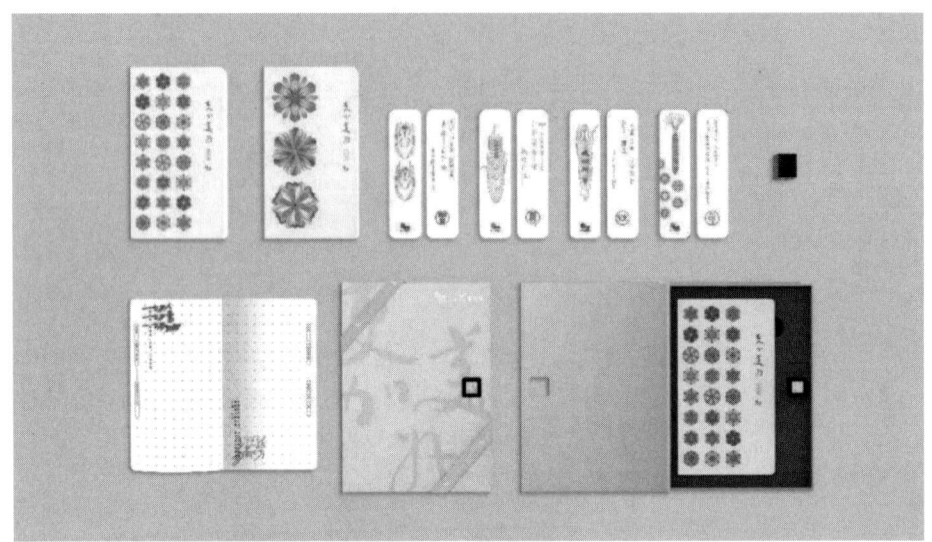

图8-21 "日课2021"第二套产品

春耕、夏耘、秋收、冬藏,四者不失时,故五谷不绝。这两套笔记本中的谷物四季书签,以谷物为主要元素,呈现谷物四季生长状态,以物观时,以物照人。如图8-22所示。

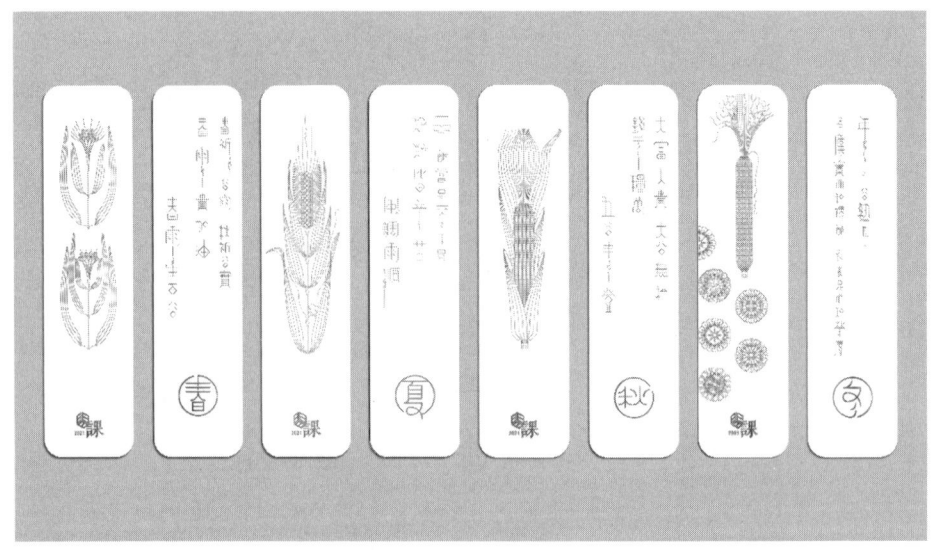

图8-22 谷物四季书签

近几年,数字化浪潮扑面而来,"字在"联袂数普科技打造全球首个活字印刷数字藏品。"数创赋能实业、文创赋值产品"是数普科技的企业理念,数字藏品的唯一性、可追溯性、传播性这些特点,恰好与"字在"传播中国汉字文化的使命不谋而合。"字在"与数普科技签约进行深度合作,以保护、传承、推广活字印刷术为宗旨,建立字在数字藏品项目小组。字在与数普科技的联手是中国传统文化与新潮科技的结合,活字印刷术以数字藏品新样式进行呈现,数普科技与字在将与文化艺术和"互联网原住民"圈层联动,进行文化教育、文化传播,共同致力于"传统文化年轻化,中国文化国际化"意义重大。[①]

## 二、广州哲品家居用品有限公司案例

ZENS哲品是全球知名的茶具、家居和生活方式品牌。ZENS哲品以"新派茶生活"为品牌理念,希望让每个人拥有简单愉悦的茶体验,点燃对美好生活的热情。ZENS哲品专注茶文化产品的创新设计,产品覆盖茶杯、茶饮、茶家电。

广州哲品家居有限用品公司(以下简称"哲品")成立于2011年,倡导健康、环保的生活方式,坚守历久弥新的品牌态度;提供自然、正念、舒适、健康的生活体验。产品在设计上追求简易、妙思、当下的使用体验。该公司在广州、北京、上海、香港及美国、荷兰设立分公司,并已在北京、上海、广州、深圳等城市设立了旗舰店、品牌专营店和专柜,产品在纽约现代艺术博物馆、澳大利亚维多利亚国家美术馆、巴黎装饰艺术馆等艺术机构设立专区展示售卖。

该公司拥有强大的研发设计能力,是广州市首批工业设计示范企业。2013年哲品首款旅行茶具套装"月影"上市,开创了一个全新意义的茶具形态。"月影"旅行茶具荣获中国创新设计大奖"至尊奖"(年度大奖)。

哲品开发的茶具——甜糯萌趣的"猫小白",用初雪的白再加一点春樱的粉呈现茶具杯盖,好似怀里喜欢撒娇的黏人小可爱。杯盖结合手工彩绘,带来温润如玉的细腻触感,加厚玻璃杯身,适用于多种茶类冲泡。玻璃杯内置精细茶漏,一提一放,茶水轻松分离。如图8-23所示。

---

① 深圳文创企业"字在"联袂数普科技打造全球首个活字印刷数字藏品[EB/OL].(2022-04-21)[2024-03-05].https://baijiahao.baidu.com/s?id=1730726276598758190&wfr=spider&for=pc.

图 8-23　御花园萌宠茶水产品

哲品的皓月随身装茶具（图 8-24）是源于对月相的理解，以月亮"圆满、明亮"特质为灵感而设计的二人快客款超轻移动茶具。它以移动便捷为出发点，随时随地为出行者带来宁静归真的私享茗茶体验。壶盖独创兰花漏孔设计，可 360 度出水 0 倒流，同时在使用中无须打开，便可直接加水，操作简易快捷。

哲品拥有以下明确的设计理念。

简在形：在工业设计上去除多余的形式，在保持外形简洁的同时减少原材料消耗。

易在功：以功能性为中心的设计让简单形式得以发挥最大功能，让器物具有"自我说明"的易用性。

哲品在经典主题上也做了很多探索。经典主题内容，主要指在人类文化史上已经被广泛认同，高度集中的代表性文化主题，包括经典名著、经典艺术作品、国家宝藏文物等。

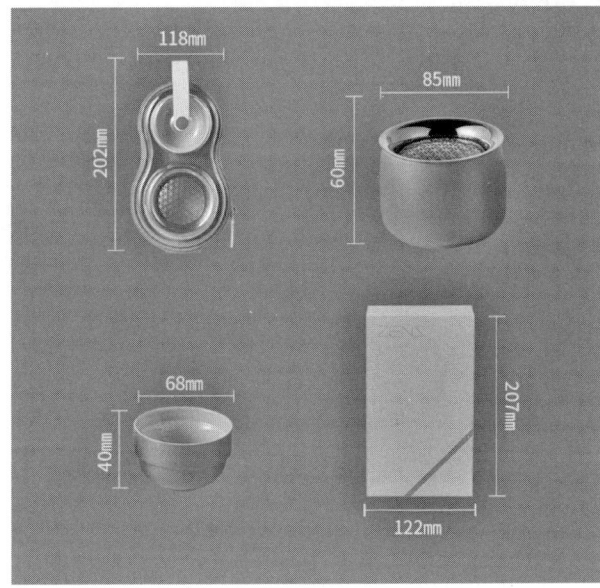

图8-24 皓月随身装茶具成品及细节展示

## 三、深圳和合创意文化用品公司案例

深圳和合创意文化用品有限公司依托自身生产工厂（深圳和合红木制品厂）和华南师范大学的教师科研团队，集研发、生产、销售于一体，定位奢华的红木制品，具有强大的生产能力，以创新设计、优质选材、精湛工艺为品牌的三大核心价值。该公司拥有"和合文化"自主品牌及"和合礼品"定制两大部分。该公司的产品善用木料阐释中国文化特色与地域文化特征，呈现有中国文化特色的文化礼品。图8-25、图8-26、图8-27、图8-28是该公司与东莞市合作推出的一系列文创产品。

图8-25　呈现龙舟文化的文具组合

图8-26　东莞的莞草编技艺在首饰上的应用

第八章 湾区文化创意品牌管理与营销

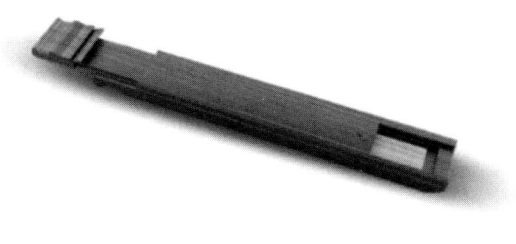

图8-27 龙舟线香盒

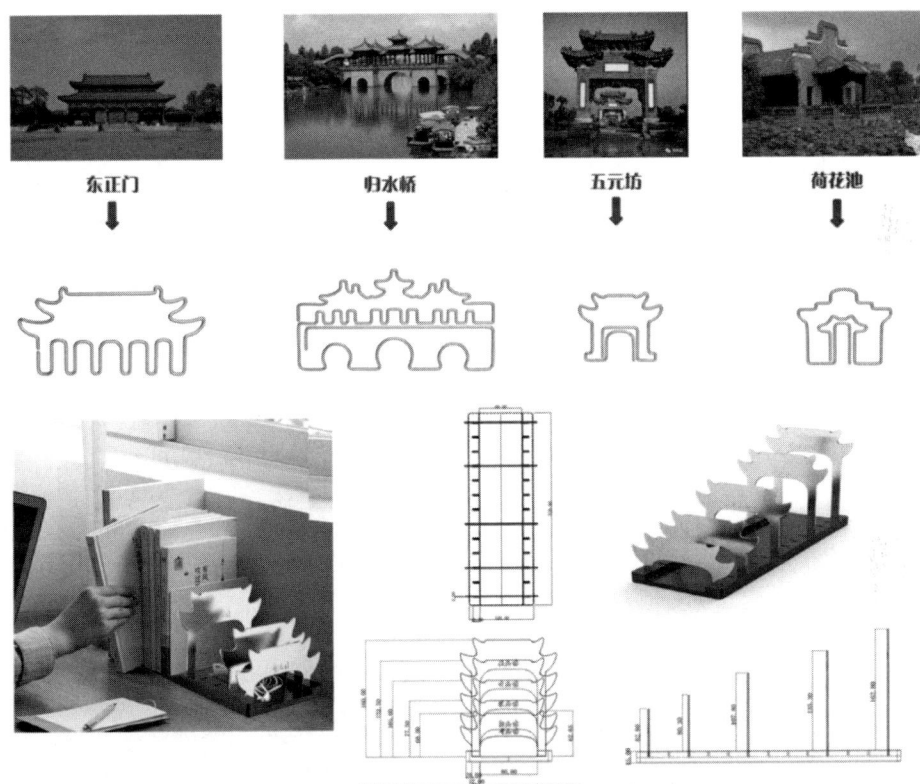

图8-28 利用东莞当地古建筑元素所做的书签和书立

作业：

1.通过布置展厅或网上展示的方式进行文创产品展示，注意展示的方式和最终文创产品的质量等细节。

2.找一款知名的文创产品，分析其营销方案。

**延伸阅读：**

1.ZENS哲品——新派茶生活［EB/OL］.［2024-03-05］.https://www.zens.asia/.

2.字在［EB/OL］.［2024-03-05］.http://www.zizaicn.com/.

3.黄瑶.佛山文创设计师：变非遗为"潮牌"，引爆原创IP"飞鸿猫"［EB/OL］.（2022-03-29）［2024-03-05］.https://baijiahao.baidu.com/s？id=1728608318817802651&wfr=spider&for=pc.

4.PolyU Design Show 2024［EB/OL］.［2024-03-05］.http://2024.polyudesignshow.com/.

**参考文献：**

1.冬奥会吉祥物"冰墩墩"设计——广州美术学院创作团队完成［J］.工业设计，2022（2）：16.

2.广美视觉艺术设计学院原院长曹雪专访：从"冰墩墩"到"国潮"［EB/OL］.（2022-10-04）［2024-03-05］.http://www.gdjm.com.cn/jimeidongtai/1493.html.

3.理大85周年校庆创意征集获奖名单揭晓！［EB/OL］.（2022-01-28）［2024-03-05］.https://mp.weixin.qq.com/s/lEFP_O5MRSWrRjIBYVeUmA.

4.碧桂园×字在|用一本"汉字"元素的《日课》，迎接更加美好的2021！［EB/OL］.（2020-12-24）［2024-03-05］.https://mp.weixin.qq.com/s/hImEHH4zftYicPn6MwPwTg.

5.2024广州设计周［EB/OL］.［2024-03-05］.https://www.gzdesignweek.com/.

6.香港设计营商周［EB/OL］.［2024-03-05］.https://2023.bodw.com/zh-cn/about.

7.3F名家具展［EB/OL］.［2024-03-05］.https://www.gde3f.com/about/007001.html.

8.珠海国际设计周［EB/OL］.［2024-03-05］.https://10000deg.com/a/2020zhsjz/index.html.

9.第六届粤港澳大湾区文化创意设计大赛［EB/OL］.［2024-03-05］.https://www.gbawcsjds.com/.

10.第四届全球AI文创大赛启动，4个赛道，快来报名！［EB/OL］.（2023-05-28）［2024-03-05］.https://baijiahao.baidu.com/s？id=1767092992075883933&wfr=spi

der&for=pc.

11.深圳文创企业"字在"联袂数普科技打造全球首个活字印刷数字藏品[EB/OL].（2022-04-21）[2024-03-05].https://baijiahao.baidu.com/s？id=1730726276598758190&wfr=spider&for=pc.

图书在版编目(CIP)数据

湾区文创产品开发与设计 / 乔国玲等著. -- 北京：中国传媒大学出版社，2025.2
ISBN 978-7-5657-3645-2

Ⅰ.①湾… Ⅱ.①乔… Ⅲ.①文化产品—产品开发②文化产品—产品设计 Ⅳ.①G124

中国国家版本馆CIP数据核字（2024）第097173号

## 湾区文创产品开发与设计
WANQU WENCHUANG CHANPIN KAIFA YU SHEJI

| 著　　者 | 乔国玲　龚思颖　黄翔　区鸣飞 |
|---|---|
| 策划编辑 | 李水仙 |
| 责任编辑 | 李明远 |
| 封面设计 | 大鹏设计 |
| 责任印制 | 李志鹏 |

| 出版发行 | 中国传媒大学出版社 | | |
|---|---|---|---|
| 社　　址 | 北京市朝阳区定福庄东街1号 | 邮　编 | 100024 |
| 电　　话 | 86-10-65450528　65450532 | 传　真 | 65779405 |
| 网　　址 | http://cucp.cuc.edu.cn | | |
| 经　　销 | 全国新华书店 | | |
| 印　　刷 | 唐山玺诚印务有限公司 | | |
| 开　　本 | 787mm×1092mm　1/16 | | |
| 印　　张 | 13 | | |
| 字　　数 | 237千字 | | |
| 版　　次 | 2025年2月第1版 | | |
| 印　　次 | 2025年2月第1次印刷 | | |
| 书　　号 | ISBN 978-7-5657-3645-2/G·3645 | 定　价 | 52.00元 |

本社法律顾问：北京嘉润律师事务所　郭建平